MA VIE CHEZ LES INDIENS

L'histoire de Mary Campbell

LYNDA DURRANT

MA VIE
CHEZ LES INDIENS

L'histoire
de Mary Campbell

Traduit de l'anglais par
Josette Chicheportiche

HACHETTE
Jeunesse

L'édition originale de cet ouvrage
a été publiée en langue anglaise
par Clarion Books/Houghton Mifflin Company (Boston, USA)
sous le titre :
THE BEADED MOCCASINS

Pour Dinah et Carol, qui ont attisé la flamme

1

L'Ouest

« Mary Caroline Campbell, ce n'est pas ainsi qu'on carde la laine ! s'exclame ma mère en me prenant les peignes des mains. Regarde-moi faire encore une fois. »

Je lâche mon plus beau soupir de martyre. Nous sommes assises près de la cheminée par une bellc matinée du mois de mai. Les petits chats gris de la grange s'exercent à bondir sur mes pieds nus. Ils me mordent, me griffent et me donnent des coups de patte pendant que leur mère s'étire paresseusement près du feu.

« Aïe ! Lady Grey, ramène tes petits à la grange, s'il te plaît. »

Mais la chatte se contente de fermer les yeux et fait mine de ne pas m'entendre. Je soupire à nouveau.

Un des chatons a grimpé dans le panier. Il le retourne et renverse la toison sur le sol. Un courant d'air fait rouler des touffes de laine. Aussitôt, les petits se jettent dessus. L'un d'eux attrape un léger flocon entre ses dents ; celui-ci lui chatouille le nez et le fait éternuer. Je me lève pour le lui retirer de la bouche. D'autres boules de laine roulent par terre, et les chats leur courent après comme s'il s'agissait de toutes petites souris.

La porte de la maison est ouverte afin de laisser entrer la lumière du soleil et l'air frais. Les arbres qui subsistent sur notre concession disparaissent sous un nuage de minuscules feuilles printanières. Nos champs à l'odeur sucrée sont encore humides des pluies d'avril.

« Mary. Mary. Assieds-toi. Tu ne regardes même pas.

— Si, je regarde. »

Les peignes sont composés de deux planches en bois hérissées sur une face de clous fins et pointus. Ma mère les reprend entre ses mains. Elle dispose un paquet de laine sur l'un d'eux, saisit les poignées, et frotte une planche contre l'autre. Les impuretés qui étaient mêlées à la toison (poussière, excréments des moutons et brindilles) tombent par terre. Elle frotte et frotte encore, jusqu'à obtenir des fils fins et réguliers.

« À ton tour, Mary. »

Elle m'observe pendant que je démêle un paquet. Mes genoux sont vite recouverts de poussière et d'excréments séchés. La seule chose que j'aime quand je le fais, c'est la lanoline, c'est-à-dire le suint de la toison. J'aurai mal aux mains et aux bras ce soir mais, après avoir cardé toute la journée, ma peau sera aussi douce que celle d'une princesse.

Malgré tout, carder est la dernière chose que j'aie envie de faire.

« Je voudrais sortir et profiter du mois de mai, dis-je d'une voix plaintive. C'est mon anniversaire, demain. Ce n'est pas juste. »

Ma mère pince les lèvres – une expression que je lui connais bien.

« Mary, ma fille, qui va carder et filer pour les vêtements de cette année ? Ton frère ne rentre plus dans aucun de ses habits. »

Je ronchonne, suffisamment fort pour qu'elle m'entende :

« Dougal n'a qu'à carder sa laine. »

L'hiver a été rude et je ressens les effets des premières chaleurs. Je ne tiens plus en place ; mon sang est semblable à la sève ascendante des arbres, et s'agite du même bouillonnement.

Un rayon de soleil lourd de poussière traverse la fenêtre de notre petite maison ; les grains flottent légèrement, en suspension dans l'air. Dougal lit à voix haute un passage de la Bible. Ses pieds gigotent comme ceux d'un jeune poulain tandis qu'il trébuche sur les mots. Lui aussi jette un coup d'œil dehors chaque fois qu'il le peut.

« Matthieu V : *"Voyant* les poules... *les foules venues entendre le serpent sur la montagne..."* »

J'éclate de rire si fort que le peigne m'échappe des mains.

« Le serpent sur la montagne, le serpent sur la montagne ! »

Les chatons se dispersent comme une volée d'oiseaux effrayés.

Dougal serre les dents ; on dirait qu'il essaie de mordre dans un fer à cheval.

« Si, il y avait un serpent, dit-il avec entêtement. C'est écrit là.

— Dougal, voyons, ce n'est pas possible, déclare ma mère doucement. Il y avait un serpent au paradis avec Adam et Ève. Je pense que tu veux parler du *sermon* sur la montagne. »

Mon frère se tortille sur son banc.

Je lance depuis ma place près de la cheminée :

« Qu'est-ce que le serpent a dit ? Dis-nous ce que le serpent a dit !

— Je m'en fiche de savoir lire ou compter, grommelle-t-il entre ses dents. Je veux aller chercher d'autres pointes de flèches.

— Dougal, ça suffit. Tu as quatorze ans ; tu aurais dû apprendre à lire il y a des années.

— Je sais lire... sauf les mots compliqués. »

Ma mère hésite.

« Attends que ton père rentre des champs. Il t'aidera.

— Je peux y aller maintenant, alors ? »

Il attrape son mousquet et se précipite vers la porte.

« Non », répond ma mère avec fermeté.

Elle se lève, s'empare du mousquet et le pose sur la cheminée.

« Tu lis jusqu'au retour de ton père. Copie les mots que tu ne comprends pas.

— Grrrr, bougonne-t-il. Puisque je ne les connais pas, je vais les apprendre de travers. C'est pire que de ne pas les apprendre du tout.

— Mais, Dougal... »

Ma mère fléchit.

Je m'écrie :

« Non ! Ce n'est pas juste !

— Je lirai ce soir avec papa, s'empresse de promettre Dougal. Je travaillerai avec lui. »

Mon frère et moi attendons en retenant notre souffle. Il est penché en avant ; on dirait un chat sauvage, prêt à bondir.

« Très bien, déclare ma mère, tant que tu me promets de lire ce soir avec ton père. »

Il reprend son mousquet sur la cheminée.

« Merci ! Merci ! »

Il l'embrasse et file avant qu'elle change d'avis.

« Ah, ce garçon ! »

Elle secoue la tête, mais le plaisir illumine son visage. Jamais elle ne me regarde ainsi. J'entends mon frère sauter en bas des marches de la véranda.

À présent, c'est mon tour.

« Je pourrais carder ce soir, moi aussi. Avec toi.

— Non, rétorque-t-elle d'un ton brusque. Ce soir, nous filerons. Tu as besoin de la lumière du soleil pour retirer les impuretés de la laine.

— Dougal a eu la permission de sortir ! Pourquoi je dois rester, moi, et respirer toutes ces saletés ? »

Ma mère baisse la tête et sourit.

« Dougal doit s'entraîner à chasser, Mary. Il travaille, tout comme toi.

— Il ne travaille pas, dis-je avec amertume. Il est dehors, en train de jouer. »

Nous l'entendons se faufiler à travers les broussailles, pousser des cris et brailler en se prenant pour un Indien.

« Ça suffit, maintenant.

— Mais...

— Les hommes ont leur travail, et nous avons le nôtre. Les deux se rejoignent rarement.

— Il ne travaille pas. Tu sais bien qu'il ne travaille pas. »

Mais ma mère fait comme si elle ne m'avait pas entendue.

« Je déteste la Pennsylvanie », dis-je en tapant du pied.

Un chaton, qui s'était enroulé autour de ma cheville, miaule et me mord pour se venger.

« Il m'a mordue ! Il m'a mordue au sang !

— Mary ! Tu es bien trop jeune pour nourrir tant de haine en toi. Regarde ce que cela t'apporte : une jambe qui te fait mal et un esprit tourmenté. À présent, je ne veux plus t'entendre. Nous avons cardé suffisamment de laine pour la filer. Voilà qui va nous changer. »

Je me dirige en boitillant vers le rouet, plusieurs chatons farouchement accrochés à mes chevilles. Je m'en débarrasse comme s'il s'agissait de chardons.

Je m'assois le plus lourdement possible sur le siège en espérant qu'il va se casser. Mais il est solide.

Puis j'enfile la laine plus vite qu'un cochon qui mange une tourte, lâche un autre soupir, et me mets au travail.

Mon pied droit appuie sur la pédale et fait tourner le rouet à toute allure. À mesure que la laine s'effile, des images défilent dans mon esprit.

La région de Cumberland, en Pennsylvanie, est belle et sauvage, mais je suis née dans une vraie ville, à Fairfield, dans le Connecticut, à un jet de pierre du détroit de Long Island. Les maisons aux toits de bardeaux, qui se pressaient avec grâce autour de la place principale, évoquaient des invités dans leurs vêtements du dimanche autour d'une table. Fairfield comptait deux églises, dont les clochers pointaient dans le ciel comme des chandeliers.

Il y avait des salons de thé et des boulangeries. Deux drapiers vendaient des tissus magnifiques, qu'ils faisaient venir d'Angleterre et de France. Notre voisine, l'unique couturière de la ville, était toujours au courant des derniers potins.

À présent, ce ne sont plus des commérages que l'on entend, mais les hurlements des chats sauvages, la nuit. Ce ne sont plus de jolies maisons que l'on voit, mais des traces d'ours devant notre porte, le matin.

Dougal adore la nature et la vie dans l'Ouest. Un

jour, il est revenu des bois si excité qu'il n'arrivait plus à parler. Il avait trouvé plusieurs pointes de flèches. Il y a cinq ans à peine, des Indiens vivaient sur l'emplacement de notre maison.

Tap, tap, tap ! mon pied appuie sur la pédale du rouet.

Je lève les yeux, et sursaute en voyant que ma mère m'observe, à l'autre bout de la pièce. Elle pince encore les lèvres.

« Je veux rentrer à la maison, dis-je doucement.

— Tu es à la maison. Ta maison, c'est là où se trouve ta famille.

— Mais le Connecticut...

— Nous sommes partis dans l'Ouest, Mary, répond ma mère avec fermeté. Tu dois en tirer le meilleur parti. »

Partir dans l'Ouest. Comme je déteste cette phrase. Il y a plus d'un an, j'ai vu le rêve de l'Ouest briller au fond des yeux de mon père. Il avait un air fébrile et une moue obstinée, tandis qu'il regardait le soleil se coucher au-delà de Fairfield.

Je me suis endormie en pleurant cette nuit-là, parce que j'avais déjà vu cette expression sur le visage de beaucoup d'hommes. Cette expression qui signifiait des adieux déchirants quand, secouée de sanglots, j'assistais au départ de mes amies et de leurs familles pour les étendues inexplorées de l'Ouest. À Noël dernier, j'ai entendu mon père dire à voix basse à ma mère :

« Elizabeth, maintenant qu'il n'y a plus aucun risque, nous pouvons obtenir de bonnes terres au cœur de la Pennsylvanie. »

Et c'est ainsi que, le 1er mars de l'année dernière, les Campbell ont à leur tour entassé leurs affaires sur un chariot, et fait leurs adieux. Au Bureau des concessions de la Couronne, à Philadelphie, mon père a demandé qu'on lui alloue quatre cents acres de terrain le long de la rivière Susquehanna.

Pour en devenir propriétaire, il lui fallait seulement rapporter un bénéfice au bout de cinq ans. Mais les terres en bordure de la Susquehanna étaient couvertes de chênes dont les racines s'accrochaient avec opiniâtreté dans le sol. Certains avaient plus de deux cent cinquante ans. C'est peut-être pour cette raison qu'ils tenaient si bien. Mon père, Dougal et notre voisin, Mr. Stewart, ont mis un mois pour les abattre. Ils ont arraché les troncs avec l'aide de nos bœufs d'attelage, et déterré les racines à la hache ou à mains nues.

Et pourquoi les Campbell ont-ils abattu des chênes qui n'étaient que de jeunes pousses à l'époque de Christophe Colomb ? Pour y faire pousser des potirons et du maïs.

Je me rappelle m'être alors demandé où les

oiseaux allaient faire leur nid... Mais mon père semblait si fier à l'idée de transformer cette terre sauvage en plantation que je n'ai rien dit.

Trois jours plus tard, la clôture, d'une solidité à toute épreuve, était finie. Cochon, cheval, taureau, rien n'aurait pu la franchir. Puis ce fut le tour de la maison, et ensuite de la grange. Notre maison est beaucoup plus petite que celle que nous occupions dans le Connecticut. Ma chambre se trouvait au premier étage, avec une fenêtre donnant sur l'immense étendue bleue du détroit de Long Island. Nous avions du plancher en chêne au lieu d'un sol en terre battue. Et des tapis.

Je soupire à nouveau.

Nous cardons et filons toute la journée, ne nous arrêtant que pour manger un morceau de pain de maïs et boire une tasse de thé, tandis que l'ombre s'allonge contre le mur, à l'est.

Je pose les peignes dans le panier de laine presque vide. Mes mains me font mal, j'ai la nuque raide, et mes yeux me picotent. Lady Grey a emmené ses petits dehors.

« Il faut que je sorte après le dîner, que j'aille dans les bois. Juste un petit moment, dis-je de ma voix la plus distinguée.

— Très bien, répond ma mère. Mais pas longtemps. »

Alors que je me précipite vers la porte, elle se rapproche de la cheminée. D'habitude, je l'aide à faire la cuisine. Je m'interdis de penser à elle, enfermée toute la journée à la maison, et maintenant avec le repas à préparer seule.

Libre ! Je marche dans le pré, humant l'air frais de la fin d'après-midi comme s'il s'agissait de cidre glacé.

Le pré, cette année, fait bien dix acres. Au printemps prochain, mon père et Dougal faucheront dix autres acres pour les agneaux et les veaux. Et ils en dégageront encore dix, et encore dix, année après année.

Des carrés de fraises des bois poussent parmi les fléoles et les trèfles. Je ne dois pas oublier d'en ramasser.

Mon frère est assis sur un rocher, au milieu du pré. Penn's Creek, qui porte le nom de William Penn, serpente entre les rochers en direction de la Susquehanna.

« Mary, regarde ça ! » s'écrie-t-il.

Il déroule une carte sur ses genoux. Tandis que je l'examine, le bétail et les moutons s'approchent et se penchent dessus.

« Fichez le camp ! »

Il leur lance des galets ; les bêtes rassemblent leur maladroite dignité et s'éparpillent.

« Saletés de vaches, déguerpissez ! Regarde, Mary. »

Il me montre un endroit sur la carte.

« C'est le lac Huron, l'un des grands lacs sur le territoire français. Et voici la rivière Ohio ; elle se jette ici dans le Mississippi. Le Missouri coule plus à l'ouest. C'est là que je veux aller, pour être un trappeur et chasser le long de ces deux fleuves. Les gars racontent qu'il y a des endroits où le Mississippi fait plus de dix kilomètres de large. On ne voit même pas l'autre berge. Et sur les rives du Missouri, les castors sont aussi gros que nos moutons.

— Mais c'est en territoire français ! Cela appartient aux Français et aux Espagnols. Ils passent leur temps à se disputer les deux fleuves.

— Et alors ? Le Mississippi est tellement grand qu'ils ne se rendront même pas compte de ma présence.

— Ils verront bien que tu ne parles ni français ni espagnol. »

Dougal observe la carte avec attention, suivant de l'index le parcours du fleuve. Mais je sais qu'il cherche une réplique.

Enfin, il la trouve :

« Je ferai comme si je ne pouvais pas parler.

— Comme si tu ne pouvais pas parler ?

— J'aurais traversé les montagnes et je me serais fait agresser par le plus gros serpent du monde. Personne ne le connaîtrait à part moi, parce que personne ne serait jamais allé dans ces montagnes. Au moment où il s'apprêtait à m'attaquer par-derrière, je me serais retourné juste à temps, et il m'aurait mordu à la langue. Du coup, je ne pourrais plus parler. Ce serait un serpent des montagnes de l'Ouest, et on m'appellerait "le Trappeur Silencieux". »

Je ne résiste pas à la tentation de lui demander :

« Et de quel serpent s'agit-il ? Le serpent de la montagne ?

— Grrrrr ! »

J'étudie la carte. Les grosses lignes noires qui figurent les fleuves plongent et tournent comme des hirondelles pourprées pourchassant des moustiques. Près des fleuves français et espagnols, il y a des petits dessins de moines chauves, d'Indiens avec des tomahawks et des canoës, de buffles, d'ours, de chats sauvages, de cerfs et de troupeaux de chevaux en liberté. Des traits plus épais sont tracés à côté. Les traits courts et épais suivent les torsions et les coudes des rivières. Je sais que ce sont les noms des fleuves. Et je sais que, lorsque plusieurs lettres sont attachées ensemble, elles forment des mots.

« Qu'est-ce qui est écrit là ? »

Je pointe la courbe d'un fleuve.

« *Susquehanna,* répond Dougal, d'un air important. Elle traverse la Pennsylvanie. Tu vois ? »

Il suit son tracé du doigt.

« Mais il n'y a plus rien à chasser par ici, il n'y a plus de bêtes sauvages sur les rives de la Susquehanna. La Pennsylvanie n'est bonne à présent qu'à être cultivée.

— Comment sais-tu qu'on peut encore chasser du côté du Mississippi ?

— Parce que ! me répond-il avec brusquerie. Et même si ce n'est pas le cas, je trouverai une autre rivière plus à l'ouest. Il doit y avoir des centaines de rivières à l'ouest. Je me renseignerai quand j'y serai.

— Comment le Trappeur Silencieux peut-il se renseigner ? »

Dougal roule la carte.

« Je me demande pourquoi je perds mon temps à parler avec une fille. Les filles ne comprennent rien à l'Ouest.

— L'Ouest. »

Je crache le mot comme une baie pourrie.

« C'est ce que tu as fait toute la journée, n'est-ce pas ? Te cacher dans les bois et rêvasser sur ta carte ? Tu es si paresseux.

— Non, ce n'est pas vrai. »

Mais Dougal baisse la tête, aussi je sais que j'ai dit la vérité.

L'Ouest signifie de nouveaux départs dans la vie. N'importe quel problème peut être résolu en allant vers l'ouest, n'importe quelle démangeaison peut être calmée. Du moins, c'est ce que pensent les hommes.

Mon grand-père devait avoir ce même regard fébrile et rêveur quand il a arraché ma grand-mère à son Écosse natale pour lui faire traverser l'Atlantique pour les colonies.

Qu'arrivera-t-il si je vois de nouveau cette expression dans les yeux de mon père ? Je l'imagine foulant cette même carte avec Dougal et mon grand-père dans son sillage – marchant vers l'ouest à travers les territoires français, puis poussant encore plus à l'ouest jusqu'aux terres espagnoles de la Californie papiste. Là, les hommes de la famille Campbell se tiendraient au bord du Pacifique, les revers de leurs pantalons trempés, s'en prenant à l'océan parce qu'il n'y aurait plus d'ouest vers où aller. Les moines des missions, furieux, tenteraient de les chasser, l'ourlet de leurs soutanes noires mouillé et blanchi par le sel de la mer.

J'éclate de rire. Dougal me regarde, intrigué.

« Qu'est-ce qu'il y a de si drôle ? me demande-t-il.

— La Californie.

— Le fleuve Californie ! » s'exclame-t-il.

Il se penche sur la carte et examine l'extrémité occidentale.

« Je veux aller à l'école de jeunes filles de Mrs. Appleby », dis-je tout doucement.

C'est la première fois que j'ose l'exprimer à voix haute.

« Tu te souviens de ma meilleure amie, Constance Farnsworth ? On devait commencer l'école ensemble. Je veux quitter la Pennsylvanie et retourner dans le Connecticut. Je veux vivre avec grand-père dans sa jolie maison sur la place du village. Et quand je serai grande, je veux habiter dans une vraie maison, avec un étage et un jardin fleuri, et des nappes et des serviettes en dentelle, des meubles cirés, un escalier et des voisins qui te disent bonjour, accoudés à la barrière de leur jardin. Je veux apprendre à lire et à écrire, aller à l'église dans une calèche tirée par deux chevaux, et recevoir mes amies l'après-midi pour le thé. »

Dougal lâche un grognement.

« Ah, les filles... »

Les lignes noires des fleuves s'élargissent ; elles deviennent floues et se remplissent d'eau.

« Ne pleure pas, Mary. Tu reverras le Connecticut, un jour.

— Non, ce n'est pas vrai. »

Je sanglote amèrement.

« Je ne reverrai jamais le Connecticut, Dougal. »

Tandis que mon frère et mon père dorment en ronflant, je reste éveillée dans mon lit. Celui-ci se trouve dans l'ombre, loin de la cheminée. Toutes les nuits, depuis la fin du mois d'avril, j'observe ma mère, assise au coin du feu, occupée à coudre ma robe d'anniversaire.

Je ne bouge pas, je respire à peine, parce qu'elle dirait : « Chut ! Mary, endors-toi », si elle savait que je la regarde. La lueur du feu éclaire la courbe en demi-lune de son visage, de ses bras et de ses mains.

Avant de quitter le Connecticut, elle a empaqueté un métrage de tissu bleu, du même bleu que mes yeux. À côté des charbons ardents, il s'irise de reflets roses.

Ma mère pose la robe sur ses genoux et se frotte les yeux. Tout à coup, elle paraît fatiguée et triste. Elle avait beaucoup d'amies à Fairfield. Sa sœur, ma tante Orpah, si drôle et si fine, y vivait aussi ; nous ne la reverrons peut-être jamais.

« Chut ! Mary, endors-toi.

— Mais je n'ai rien dit.

— Chut ! »

Tout en me retournant, je me demande comment elle a su que je ne dormais pas.

2

11 mai 1759

C'est mon anniversaire, mais je n'ai pas l'impression d'avoir douze ans. Je me retourne dans mon lit, en espérant un changement ou un autre. Il ne se passe rien. C'est comme si j'avais toujours onze ans.

Je redresse la tête en entendant mon père poser le pied par terre. Le jour ne s'est pas encore levé et il part pour la ferme de notre voisin, à plus de deux miles en amont de la rivière. Les Stewart sont un jeune couple, avec un bébé de deux ans qui s'appelle Sammy. Mon père et Mr. Stewart vont à la chasse au cerf ensemble.

Il se déplace d'une démarche traînante. Il se

heurte les orteils contre les pieds du banc, se cogne les genoux contre les barils et jure dans sa barbe. J'aimerais bien lui demander quand il rentrera, juste pour savoir s'il me souhaitera un bon anniversaire. Mais il semble de si mauvaise humeur que je préfère me taire.

Quand il ouvre la porte, un rayon de soleil jaune citron éclaire son profil. Puis il disparaît.

Peu de temps après, ma mère rentre de la grange en titubant, un seau de lait frais dans chaque main. Elle est toujours la dernière à aller se coucher le soir, et la première à se lever le matin. Elle met la bouilloire sur le feu et pose un pain de maïs sur la table.

« Mary, le jour se lève. »

Il fait suffisamment clair à présent pour que je voie ma nouvelle robe d'anniversaire sur le dossier d'une chaise – avec une chemise en dentelle, achetée dans un magasin, pliée sur le siège. Je passe la chemise et la robe par la tête. Elles me vont à merveille. J'attache le collier en dentelle de Flandre autour de mon cou. Tout en virevoltant, un air de surprise feint au visage, j'admire les volants de la jupe. Je soulève l'ourlet et aperçois un peu de dentelle vaporeuse à la hauteur de mes chevilles.

« C'est magnifique. Merci, merci, merci. »

Ma mère agite l'index en me regardant.

« Tu savais tout de la robe, jeune fille. Tu m'as observée la nuit au lieu de dormir. Mais je me suis débrouillée pour te réserver une ou deux surprises.

— Comme la chemise ? Elle vient de Fairfield ?

— Non, de Paris. »

Je reste bouche bée.

« En France ? »

Je n'ai jamais rien porté d'aussi élégant et d'aussi joli. Ou d'aussi cher.

Ma mère pince de nouveau les lèvres, mais ses yeux brillent.

« C'est une surprise. Tu deviens une jeune fille, Mary, et les jeunes filles ont besoin de porter de jolies choses. »

Elle me montre la table.

À ma place trône un gâteau d'anniversaire. Il sent la cannelle, le sirop d'érable et les pommes séchées que ma mère a apportées de Fairfield.

« Il a l'air délicieux. »

Elle en coupe une grosse part qu'elle dépose sur une serviette.

« Du gâteau pour le petit déjeuner ? dis-je.

— Surprise ! »

Je m'installe dans le jardin et mords à pleines dents dans le gâteau. Certainement pas comme le ferait une jeune fille. De minuscules violettes blanches ont poussé dans les recoins et les fentes, entre les brins d'herbe ; on dirait de légers flocons de neige printanière. Le soleil, qui se lève en s'empourprant au-dessus de la Susquehanna, les colore de rose vif.

Ses rayons dessinent de petites taches sur les vaguelettes comme des pièces d'or que quelqu'un aurait jetées dans l'eau.

Qu'est-ce que je ferais si je possédais toutes ces pièces d'or ? Je les dépenserais en poupées plus belles que des princesses. J'achèterais de délicates tasses en porcelaine et des soucoupes pour boire le thé. J'aurais plus de bonbons qu'à dix Noëls réunis, et plus de jolis habits qu'une reine dans sa penderie.

Mes pieds nus sont froids contre la terre, mais le soleil me réchauffe le visage et les mains. Je me réprimande sévèrement : à douze ans, on est trop grande pour être aussi excitée par son anniversaire.

Pourtant... l'air est doux, ma robe est neuve, ma chemise vient de Paris, mes lèvres ont encore le goût de la cannelle. Cette journée m'appartient – nouvelle, à peine commencée, et pleine de promesses.

Un bruit sourd, sur la véranda latérale, me fait tourner la tête. Ma mère porte la baratte sur les planches de bois grossièrement coupées.

« Mary, retire cette robe et va remettre la vieille marron. Tu risques de la tacher avec le beurre. »

Je la regarde, horrifiée.

« Mais c'est mon anniversaire...

— Oui, sauf que le lait ne va pas se transformer en beurre tout seul, surtout une fois qu'il fera chaud. Allez, dépêche-toi ou, tout ce que nous aurons, ce sera de la crème. Tu veux du beurre pour ton dîner d'anniversaire, non ? »

Assise sur la véranda latérale, à l'ombre, j'agite la pale de haut en bas et de bas en haut dans la baratte. Mes épaules me font déjà mal, j'ai chaud et je suis en sueur. Mon bonnet de coton ne me sert à rien.

Dougal n'est même pas réveillé. Il est censé nous protéger, et ce grand paresseux est encore au lit ! Bien sûr, il fait la tête parce qu'il n'est pas parti à la chasse avec les hommes.

« Pas si fort au début, Mary. Tu vas renverser le lait. Quand il se sera transformé en beurre, tu seras contente d'avoir épargné tes forces. »

Même mes yeux me brûlent, tellement je suis en colère.

« Pourquoi Dougal a-t-il le droit de rester au lit ? Ce n'est pas juste !

— Tu vas finir par regretter d'avoir gardé ta nouvelle robe, jeune fille. »

J'enfonce la pale d'un geste si brusque que du lait éclabousse la véranda et ma nouvelle robe. Lady Grey, ses chatons et toute une horde de chats qui ont élu domicile dans la grange s'approchent aussitôt pour se partager le butin.

« Mary, dit ma mère, ton père et moi étions debout avant l'aube. Lui pour que tu aies de la viande à manger, et moi pour que tu aies du lait à boire. Nous travaillons tous beaucoup.

— Et Dougal ?

— Laisse-moi m'occuper de lui. Battre le beurre, fabriquer des bougies, carder et filer la laine, tisser, coudre, préparer le repas, balayer, laver, nettoyer, faire des conserves, s'occuper des enfants : voilà ce que les jeunes filles doivent apprendre. Tu te marieras un jour, et ton mari attendra de toi que tu fasses tout cela.

— Je sais déjà le faire !

— Taisez-vous, marmonne Dougal, depuis son lit.

— Tais-toi toi-même, Trappeur Silencieux ! »

J'ai hurlé si fort que j'ai l'impression que ma poitrine va éclater.

Avec le lait qui s'est renversé, les chats de la grange, attroupés en demi-cercle autour de mes pieds, sont encore plus nombreux que tout à l'heure. Ma vie défile devant moi, et ce sont les mêmes tâches qui reviennent éternellement : faire du beurre, carder, filer, tisser, coudre, cuisiner, nettoyer, faire et élever des enfants et suivre un mari fasciné par l'Ouest encore plus loin que le Connecticut.

« Je m'en fiche, si on n'a pas de beurre ! »

Je lance la pale et le couvercle de la baratte dans le jardin. Les chats courbent le dos mais continuent de laper, plus vite maintenant. Ils m'observent prudemment de leurs yeux jaunes, prêts à bondir hors de ma vue.

« Je ne veux pas être comme toi ! Tu ne sais même pas lire et tu vis dans une minuscule cabane au milieu de nulle part. Je ne veux pas devenir comme toi... J'en mourrais ! »

Le visage de ma mère est blanc comme un linge ; elle porte les mains à ses joues comme si je l'avais giflée.

Nous nous regardons fixement toutes les deux pendant un moment.

Je répète, les dents serrées :

« Je ne veux pas être comme toi. Tu me fais penser à l'une de nos vaches : terne, ennuyeuse et stupide. Et tu as toujours préféré Dougal à moi. »

Ma mère se contente de me regarder.

Je pense aux fraises, et mon cœur se met à battre la chamade.

Je me précipite vers la porte au moment où mon frère se retourne dans son lit.

« Où vas-tu ? Et où est mon petit déjeuner ? »

Je lui réponds à voix basse, d'un ton féroce :

« Dans le pré. »

Puis j'attrape une touffe de ses cheveux et fais mine de le scalper.

« Avec les Indiens. Prépare-toi ton petit déjeuner tout seul. »

Dougal ouvre de grands yeux.

« Quels Indiens ?

— Tu es trop bête ! Tu es le garçon le plus bête qui ait jamais vécu sur terre ! »

J'attrape le bol décoré de roses sur la table et je file dehors.

Ma mère ramasse la pale de la baratte au moment où je passe devant elle en courant. Les chats s'écartent sur mon passage en bondissant. On dirait la mer Rouge qui s'ouvre.

Sans même me retourner, je saute par-dessus la barrière, et je cours dans le pré.

C'est une belle journée de printemps. De celles qui me font imaginer que les teintes bleues, vertes et dorées de ces journées-là iront en s'accroissant.

Notre bétail composé de cinq têtes et nos trois moutons se tiennent en une masse compacte, aussi stupide que sale. Les vaches ruminent. Tandis que je reprends mon souffle, elles se tournent vers moi, le regard vide, puis se remettent à paître les unes après les autres. De leurs mufles et de leurs sabots, elles écrasent les fraises, emplissant l'air d'une odeur délicatement sucrée.

Le soleil est déjà haut dans le ciel. J'ôte mon bonnet de coton et soulève mes longs cheveux ; la brise, qui monte de la rivière, me rafraîchit délicieusement la nuque.

Les fraises des bois couvrent tout le fond du pré ; cette partie est si éloignée de notre maison que tout ce que j'en vois, c'est la fumée qui s'élève paresseusement de la cheminée.

Les fraises sont minuscules et âcres – leur parfum explose dans ma bouche comme la poudre d'un mousquet, et ma langue me brûle tant leur jus est acide. Aussi timides que des cerfs, elles sont cachées sous leurs feuilles dentelées qui poussent à plat contre la terre. Je suis à quatre pattes, rampant sur mes mains et mes genoux (en me méfiant des bouses de vache, bien sûr).

Une part de gâteau d'anniversaire, aussi grosse soit-elle, ne constitue pas un vrai petit déjeuner ; j'ai tellement faim que je mange la moitié des baies que je ramasse.

Le bol vient d'Écosse. Ma grand-mère l'a donné à ma mère le jour de la naissance de Dougal. Il est décoré de roses rouges et de feuilles vert foncé peintes dans le fond. Les fraises cachent complètement les roses. On ne voit plus que le bout des feuilles. Le parfum délicieux, le soleil et l'idée de manger des fraises avec de la crème fraîche pour le dessert me mettent l'eau à la bouche.

Je décide d'offrir ma cueillette à ma mère. Cela lui fera plaisir. Et oublier notre dispute.

Nous aurons des fraises des bois et de la crème pour notre déjeuner. C'est bien mieux que du beurre. Je lui donnerai les fraises dans le joli bol aux roses rouges. La crème aura atteint le haut de la baratte quand je serai de retour. Elle aura de la crème fraîche, des fraises des bois et un « Pardon » murmuré à l'oreille.

De toute façon, il y aura d'autres journées comme celle-ci. Je me mets à crier tout fort :

« Des journées d'été et des fraises ! »

Ma langue me brûle encore d'avoir mangé toutes ces baies.

« Pas des myrtilles, ni des pêches, ni des pommes. Des fraises ! »

Ma faim n'étant toujours pas apaisée, j'en mange quelques-unes encore. Trop tard, je vois une tache sur le devant de ma nouvelle robe.

Tout à coup, la brise de la rivière tombe, les arbres, les oiseaux, même le temps semblent parfaitement immobiles.

Une ombre aux contours étranges s'allonge devant moi – une silhouette à plusieurs têtes avec des plumes qui dépassent du sommet. Un courant d'air me fait frissonner. Sur ma nuque, mes cheveux se hérissent. Mon cœur se met à battre plus vite. Pourquoi ? Un nuage cache-t-il le soleil ? Non. Mais l'ombre... les plumes... le sentiment épouvantable de ne plus être seule.

Notre bétail s'éloigne rapidement. J'entends quelqu'un haleter et appeler :

« Mary ! »

Je reconnais la voix de notre voisine, Mrs. Stewart. Je me retourne.

Quatre Indiens en peinture de guerre et plumes. Des mouches volettent autour des scalps sanguinolents, accrochés à leurs ceintures. Une impression de grand calme émane d'eux, comme s'ils économisaient leurs forces.

Au moment où je me relève, l'un d'eux me prend le bol des mains.

« Oh, Mary ! » s'écrie Mrs. Stewart.

Elle est blanche de peur. Dans ses bras, son fils Sammy s'agite dans son sommeil.

« Allons-y », déclare l'un des Indiens calmement.

Ils portent des pagnes et des jambières en peau de daim. Leurs cheveux tressés retombent dans leur dos. De la peinture rouge recouvre leur visage et leur poitrine, et des tatouages dansent sur leurs bras et leurs jambes. Des boucles d'oreilles en cuivre et en argent pendent jusqu'à leurs épaules.

« Nous arrivons de notre ferme ! continue Mrs. Stewart. Elle est en feu ! Et Mr. Stewart qui est parti à la chasse ! »

C'est vrai. La chasse... Mon père ne sera de retour qu'à la nuit tombée.

Un grondement s'élève de la rivière. De la fumée monte en tourbillonnant des arbres. Ma mère ! Mon frère ! Notre maison doit être la proie des flammes ! Un cinquième Indien traverse le pré en courant ; le bétail s'écarte maladroitement sur son passage.

« Allons-y ! » répète le premier Indien, avec urgence cette fois.

Il est plus âgé que les autres, avec des cheveux gris acier. Je fais un pas en arrière, puis un autre. Je jette un coup d'œil vers la forêt.

Les Indiens mettent la main en même temps à leurs ceintures et sortent leurs couteaux. Ils les prennent lentement et sans violence, comme s'ils désiraient seulement admirer les manches en os ou regarder leur reflet dans les lames. Aussi prompts que l'éclair, deux d'entre eux viennent se poster derrière moi.

« Mary, ne les fâche pas, je t'en prie, me supplie Mrs. Stewart. On va venir nous délivrer. Je le sais.

— Je m'appelle Mary Caroline Campbell. Je vis ici. C'est... c'est notre ferme. Je vis ici. »

Peut-être que, si je leur expliquais, ils se rendraient compte de leur erreur.

« Mon père a réclamé cette concession... à Philadelphie. Et je porte le nom de notre reine défunte, la reine Caroline. Voici Mrs. Stewart et Sammy. »

Mrs. Stewart esquisse une révérence, puis se fige. Elle se redresse et serre Sammy contre elle.

« Allons-y, Mary Caroline Campbell, du nom de votre reine », dit le plus âgé.

Je remarque qu'il n'a pas dit « *notre reine* ».

Je me tourne vers la barrière du pré. Le bétail est là, qui attend. Notre taureau me regarde, à peine surpris. Les quatre vaches se remettent à paître. Les moutons courent en rond en bêlant d'un air affolé, la mâchoire pendante. Notre cheminée s'effondre et traverse le toit en feu avec un bruit fracassant.

« Allons-y ! » répète le plus âgé.

Pour une fois, ce pleurnichard de Sammy ne pleure pas. Il observe les Indiens, les yeux grands ouverts et les mains enfoncées dans la bouche. Ce n'est qu'à ce moment-là que je remarque que Mrs. Stewart a les mains liées avec des rameaux de vigne. Elle a du mal à porter Sammy.

« Allons-y, Mary Caroline Campbell. Maintenant. »

Je ramasse mon bonnet de coton et attache les cordelettes sous mon menton en tremblant. Le plus âgé sort des rameaux de vigne d'une sacoche fixée à sa taille, et ils me lient les mains à mon tour.

Je me mets à pleurer.

« Non, s'il vous plaît, non. »

Les rameaux sentent le tabac et me rentrent dans les poignets.

L'un des Indiens me pousse en direction de la forêt et nous nous mettons en marche. Tout aussi simplement que ça.

Nous accélérons le pas une fois dans les sous-bois. Nous dépassons l'arbre dans le tronc duquel mon père a gravé une espèce de tomahawk pour marquer la fin de la concession Campbell. Nous passons un ruisseau, puis revenons sur nos pas ; nous passons un autre ruisseau et revenons de nouveau sur nos pas. Nous traversons dans un sens puis dans l'autre des vallées et des cuvettes, nous grimpons au sommet de crêtes et de défilés. Entre deux sanglots, je me rappelle chaque enchevêtrement, chaque ravine, je mémorise chaque lit de rivière. Le plus âgé m'observe de temps en temps.

À la tombée de la nuit, nous avons parcouru tellement de chemin que j'ignore où nous sommes. Je me sens vidée par la faim et la soif, et la peur me rend nerveuse. Je suis épuisée aussi, et j'ai chaud.

J'ai le souffle court. Tout me paraît étranger. Je ne sais même pas dans quelle direction je vais.

Le plus âgé, celui qui parle anglais, me prend par le menton et plonge son regard dans le mien, comme s'il essayait de lire dans mes pensées.

Il fait la même chose avec Mrs. Stewart, puis il hoche la tête et parle aux autres. Ils s'arrêtent aussitôt et dégagent un emplacement pour y installer notre campement. Ils allument un feu avec du silex et des aiguilles de pin.

« Asseyez-vous », dit doucement le plus âgé.

Mrs. Stewart et moi nous effondrons à terre, tout comme les murs de Jéricho.

J'éclate en sanglots.

« Je vous en prie, monsieur. S'il vous plaît, je veux rentrer chez moi. »

En m'entendant pleurer, le petit Sammy se met à geindre à son tour.

« J'ai observé ton visage et tes yeux, dit le plus âgé. Avant, tu étais sûre de pouvoir retrouver ton chemin, et maintenant, tu ne sais plus. Notre village est loin, à l'ouest. Je n'y suis jamais allé mais j'ai entendu dire que c'était un bon endroit. Les Anglais nous ont ordonné d'aller vers l'ouest.

— L'ouest ! Non ! C'est... c'est mon anniversaire, aujourd'hui. »

À peine ai-je parlé que je me rends compte à quel point ce que je viens de dire est ridicule.

« Voilà à manger. »

Il me donne une poignée de farine de maïs et verse de l'eau dans le bol de ma grand-mère. Où sont passées les fraises des bois ?

Un des Indiens coupe la corde qui attache nos mains.

« Mangez et dormez », dit le plus âgé.

Le lendemain matin, je me souviens que j'ai rêvé de Fairfield, parce que j'arrive presque à sentir les odeurs de la ville. Le parfum, relevé et sucré, des boulangeries me met l'eau à la bouche. L'arôme de la levure des tavernes me remplit le nez. Je sens le fer fondu du maréchal-ferrant ; les effluves des grandes lessives du lundi me font presque éternuer. Je ferme les yeux très fort, dans l'espoir de me rendormir et de rêver à nouveau. Mais j'entends Mrs. Stewart gémir en se réveillant. Je vois les cinq Indiens piétiner le feu pour effacer toute trace de notre passage ici. Fairfield disparaît avec le lever du soleil. J'étais en sécurité là-bas. Les Indiens étaient partis depuis longtemps.

Sammy refuse de manger la bouillie de maïs qu'ils nous ont donnée pour le petit déjeuner. Mrs. Stewart la lui présente mais il hurle :

« Non ! en tournant la tête. Non ! Veux du lait.

— Il n'y a pas de lait, mon chéri. »

Elle lui présente à nouveau la bouillie.

« Non ! »

Les Indiens accrochent leurs sacs dans leur dos. Alors que nous commençons à avancer, Mrs. Stewart titube sous le poids de Sammy. Il tente de lui échapper et ne cesse de pleurer.

Plus tard dans la matinée, j'aperçois un oiseau bleu qui chante dans un chêne. Ses ailes sont de la même couleur que ma robe et mes yeux. Sa voix argentée, liquide, résonne à mes oreilles telle une promesse : je reverrai ma famille.

Le soir, le plus âgé dit quelque chose, et les autres s'arrêtent immédiatement et allument un feu.

Mrs. Stewart dépose Sammy à ses pieds et l'amène jusqu'à un ruisseau, non loin de là. Après l'avoir lavé, elle frotte sa culotte dans le courant.

Nous nous installons autour du feu tandis que l'obscurité et les moustiques envahissent peu à peu la forêt. Nous mangeons la même chose repas après repas : de la farine de maïs mélangée à de l'eau. Il me semble toujours que quelques poignées de farine ne suffiront pas, mais quand je bois, cela gonfle dans mon estomac.

Même Sammy mange, ce soir.

Je suis surprise d'être si pleine de gratitude pour de petites choses : s'asseoir enfin, boire de l'eau fraîche, avoir le ventre rempli. Je vais bientôt m'endormir (et rêver). Je m'allonge ; le sol de la forêt fait comme un doux matelas. Une autre chose pour laquelle j'éprouve de la gratitude. La nuit dernière, des racines d'arbre me sont rentrées dans le dos jusqu'au matin.

Maintenant, j'arrive à les distinguer. Le vieux qui parle anglais est leur chef. Le plus grand marche ou s'assoit toujours à côté de lui. Je suis sûre qu'il parle anglais, lui aussi, parce qu'il comprend ce que je dis. Les deux plus jeunes doivent être frères, car ils se ressemblent beaucoup. Quant au cinquième, il a des marques de variole sur tout le visage et le corps.

Je m'endors en écoutant le bourdonnement des insectes.

« Sauve-toi, murmurent-ils à mes oreilles. Sauve-toi. Sauve-toi. »

Je rêve de nouveau, mais pas de Fairfield. Je suis à la maison, assise avec ma famille près de la cheminée.

« Sauve-toi, siffle le feu, sauve-toi, sauve-toi. »

3

L'avertissement

Sammy n'arrête pas de pleurer, et je passe la moitié de la nuit à me tourner et me retourner. Le lendemain matin, il boit tellement d'eau que je me dis qu'il va exploser. Mrs. Stewart a les yeux aussi rouges que sa robe, et des cernes noirs au-dessus de ses joues pâles. Lorsqu'elle essaie de lui donner un peu de bouillie, il repousse sa main en criant :

« Non ! »

Les Indiens regardent la nourriture s'étaler par terre comme une feuille de sumac vénéneux, puis jettent un œil mauvais à Sammy. Mrs. Stewart gémit et le prend dans ses bras.

« Je vous en prie, Seigneur, dit-elle doucement en caressant la tête blonde comme les blés de son fils, donnez-moi la force dont j'ai besoin aujourd'hui.

— Je vais le porter, Mrs. Stewart, dis-je.

— Non, Mary. Garde tes forces pour toi. »

Pendant que les Indiens éteignent le feu en le piétinant, elle hisse son fils sur son dos. Elle l'attrape par les chevilles, Sammy glisse ses bras autour de son cou, et nous repartons.

Il geint un petit peu, puis s'endort. Il doit peser affreusement lourd, et ses mains doivent étrangler sa mère. Courbée en deux, celle-ci traîne de plus en plus en arrière.

Il est bientôt midi, et il fait une chaleur suffocante. Nous escaladons une gorge aux parois abruptes. J'aperçois la robe rouge de Mrs. Stewart loin derrière nous.

Les Indiens se mettent à parler mais, bien sûr, je ne comprends rien. Le plus âgé, le chef, dit quelque chose à celui qui a le visage grêlé. Nous nous arrêtons et attendons que Mrs. Stewart nous rejoigne.

« Visage Grêlé » lui tend les bras.

« Merci, monsieur », murmure-t-elle faiblement.

Il attrape Sammy, toujours endormi, et l'emmène derrière un arbre.

« Où allez-vous ? » demande-t-elle.

Elle s'apprête à le suivre, mais le plus grand l'en empêche.

Visage Grêlé revient avec une touffe sanguinolente de cheveux de bébé fins et blonds.

Je porte ma main à la bouche pour retenir un hurlement.

À la vue du scalp, Mrs. Stewart s'écrie :

« Seigneur, non ! »

Elle martèle de coups la poitrine du meurtrier de son fils, mais Visage Grêlé reste impassible. Elle pourrait tout aussi bien taper contre le tronc d'un arbre, cela n'y change rien. Elle tombe à terre, frappe le sol de ses poings et hurle à n'en plus finir.

Les Indiens attendent patiemment qu'elle s'arrête. Ses cris se transforment en gémissements puis en sanglots. Enfin, elle se roule en boule et se tait.

« Allons-y », dit doucement le plus âgé.

Je m'agenouille à côté de Mrs. Stewart et lui prends le bras en murmurant :

« Mrs. Stewart, je vous en prie, ne les mettez pas en colère. »

Mais elle ferme les yeux et fait mine de ne pas m'entendre, comme Lady Grey quand je me plaignais de ses chatons.

Le plus grand la force à se relever.

« Allons-y, répète le plus âgé.

— Je préfère mourir, gémit-elle.

— Alors mourez. »

Ils pivotent sur leurs talons et s'éloignent ; le plus âgé me pousse devant lui.

« Mrs. Stewart ! S'il vous plaît, ne m'abandonnez pas ! »

Ce qui paraît curieux à dire, puisque c'est moi qui l'abandonne.

Nous recommençons à marcher. Je pleure tellement que je ne vois pas où je mets les pieds, et je trébuche contre des souches et des racines.

Après ce qui semble une éternité, Mrs. Stewart nous rattrape et glisse sa main dans la mienne.

« Je ne t'abandonnerai jamais », murmure-t-elle.

Nous nous tenons par le bras et marchons. Ses mains sont couvertes de terre noire.

Elle a enterré Sammy, puis nous a rejoints.

J'ai faim, j'ai soif, j'ai mal aux pieds, j'ai mal au ventre et je suis si fatiguée et si terrifiée que je n'arrive plus à penser. Mais je ne dis rien. Visage Grêlé marche devant moi, et quand je vois le scalp du petit Sammy accroché à ses longues nattes noires comme une décoration, et un avertissement, je n'ose pas me plaindre.

Heure après heure, jour après jour, Mrs. Stewart avance en chancelant, comme hébétée. Lorsqu'elle pose les yeux sur le scalp de Sammy, je ne sais même pas si elle se souvient qu'il s'agit des cheveux de son fils.

On doit être en juin. Cela fait quatre ou cinq semaines, à mon avis, que nous gravissons des montagnes. Parfois, nous passons la journée à grimper – en nous frayant un chemin entre les arbres morts, nous hissant les uns les autres en haut des passages les plus abrupts et en nous débattant au milieu des broussailles – pour nous apercevoir au bout du compte que nous n'avons guère progressé quand la nuit tombe.

Je pensais que nous suivrions le lit des ruisseaux et le cours des rivières, mais les Indiens ignorent l'eau et étudient plutôt le soleil. De temps en temps, l'un d'entre eux grimpe au sommet d'un arbre, bien plus haut que les autres, juste pour regarder. Les ruisseaux et les rivières coulent vers le sud. Nous suivons le soleil, marchant droit vers l'ouest.

Nous traversons les Appalaches. À cette pensée, j'ai la gorge serrée. Comment mon père et mon frère feront-ils pour nous retrouver ?

Ma nouvelle robe n'est plus que lambeaux, sale et déchirée. Dire que ma mère y a tant travaillé ! Je regarde ses points réguliers aux ourlets et aux manches, qui se défont et s'effilochent les uns après les autres.

Mrs. Stewart s'affale à terre quand nous nous arrêtons pour déjeuner. Il faut que je lui parle pour lui redonner courage. Au début, c'est elle qui essayait de me soutenir, maintenant, c'est l'inverse.

« Il ne fait pas si chaud ce matin », dis-je à voix basse.

Ils n'aiment pas trop que l'on parle toutes les deux. Ses yeux mornes regardent dans le vide.

L'après-midi, je trébuche et tombe sur une racine d'arbre. Le plus grand me relève comme si je n'étais pas plus lourde qu'un chat. Ce faisant, il marche sur le bas de ma robe ; tout l'arrière du corsage se déchire. J'ai tellement honte que je me mets à trembler. Il peut voir ma chemise en marchant derrière moi ! Mais ils ne portent même pas de sous-vêtements. Aucun d'ailleurs n'y prête attention.

La chaleur est intenable aujourd'hui. Avant de nous arrêter pour manger, le plus âgé m'indique un ruisseau du doigt.

« Vous pouvez vous baigner ici, ton amie et toi. »

Chaque fois que nous nous lavons, les Indiens descendent en aval en nous tournant le dos. Je crois qu'ils font cela par politesse.

« Mrs. Stewart, dis-je à voix basse tandis que nous avançons dans l'eau froide jusqu'aux genoux. J'ai réfléchi à quelque chose. Croyez-vous que la raison pour laquelle personne n'est venu à notre secours, c'est parce qu'ils ont tué tout le monde avant de nous capturer ?

— Non, Mary, murmure-t-elle à son tour en relevant sa robe par-dessus sa tête. Mon mari et ton père étaient à la chasse.

— Et s'ils les avaient tués dans les bois ? Et ma mère ? Et mon frère, Dougal ?

— Tout le monde va bien, dit-elle d'une voix ferme. Mary, il faut que tu sois courageuse et que tu parles au plus âgé. J'ai l'impression qu'il t'apprécie. Mais je suis sûre qu'ils sont tous sains et saufs.

— Lady Grey et ses petits sont peut-être tout seuls dans la forêt ? Les autres chats qui vivent dans la grange aussi ? »

Bien sûr, j'ai plus peur pour ma famille, mais c'est la pensée de Lady Grey, perdue avec ses chatons, qui me fait pleurer.

« Tout le monde va bien, Mary, répète Mrs. Stewart. Les chats sont pleins de ressources, ils vivent neuf vies... La forêt regorge de souris et de tamias.

— Lady Grey doit se demander où je suis. Et si elle avait été blessée et que ses petits meurent de faim ? Je jouais avec eux tous les jours. »

Je sanglote de nouveau.

« Elle était si fière de ses chatons. Il n'y avait que moi qui avais le droit de les toucher.

— Mary. »

Mrs. Stewart inspire profondément.

« Tu reconnaîtrais sûrement les cheveux de tes parents et de ton frère. Tu as bien vu ce... ce qu'ils portent à leurs ceintures.

— Si les nôtres avaient été tués, ils porteraient leurs scalps ? C'est ce que vous voulez dire ? »

Mon frère a les cheveux qui tirent vers le roux, comme moi. Ceux de mes parents sont devenus gris depuis longtemps. Et Mr. Stewart a les cheveux aussi rouges que les nouvelles pièces d'un penny. Les scalps qui pendent à leurs ceintures sont tous noirs.

« Ils scalpent leurs ennemis à cause de la guerre contre les Français, dit-elle d'un air résolu. Au moins, nous ne sommes pas françaises.

— Mais Sammy ? »

Ma question reste en suspens dans l'air comme la chaleur moite de l'été.

Je sèche mes yeux. Mrs. Stewart essore sa robe au-dessus de l'eau.

« Ils n'ont pas tué notre bétail », dis-je, pleine d'espoir.

Nous nous arrêtons le soir pour manger un peu de bouillie. On doit être en juillet. Il fait si chaud et si lourd que j'ai l'impression d'être enfermée dans une bouilloire.

Les broussailles s'enroulent autour de mes chevilles. J'ai les jambes en feu à cause des épines des buissons et des orties. Je lorgne leurs jambières en cuir du coin de l'œil. Sûr qu'elles n'iraient pas avec une jolie robe d'anniversaire.

Je m'assois à côté du plus âgé. Je prends ma respiration et, avant que mon courage ne m'abandonne, je lui demande :

« Qui êtes-vous ? Je veux dire : quelle sorte d'Indiens êtes-vous ? »

Il me regarde et sourit.

« Des Unamis. Nous faisons partie des Delawares.

— Les Delawares ! »

Mon père disait toujours que ce sont les pires. Pires que les Iroquois, et même que les Shawnees. Autrefois, les Delawares vivaient au bord de l'océan Atlantique, de New York jusqu'en Virginie. Et cent cinquante ans de guerre contre nous les ont transformés en meurtriers sans pitié.

Je me mets à pleurer.

« Je vous en prie, monsieur. »

Mrs. Stewart me tapote la main. Assis en cercle, ils attendent que je me ressaisisse. Ce que je fais, bien sûr ; on ne pleure pas toute sa vie.

« Je ne dirai rien à personne, je vous le jure ! Je dirai que je me suis perdue, je ne parlerai pas de vous si vous me ramenez chez moi. »

Tandis que je sanglote et que je gémis, la forêt autour de nous se fait de plus en plus silencieuse. Peut-être que les oiseaux et les animaux n'ont jamais entendu quelqu'un pleurer.

Le plus âgé reste calme. Il ne me dit pas de me taire ; il attend, assis. Enfin, je sèche mes larmes.

« Tu ne comprends pas, Mary Caroline Campbell. Tu dois être offerte à notre roi, notre sachem, Netawatwees Sachem. Sa petite-fille est morte. Tu la remplaceras. »

Il sort de la farine de maïs de la petite sacoche accrochée à sa ceinture.

« Il faut manger maintenant.

— Je veux rentrer chez moi », dis-je doucement.

Mais personne ne me répond.

Quand nous repartons, je m'aperçois que j'ai oublié de demander au plus âgé si ma famille était encore en vie.

Le lendemain, nous passons l'après-midi à nous reposer, car l'un des deux frères a une profonde entaille au pied. Son frère arrache un morceau d'écorce de saule, en gratte l'intérieur et le réduit en poudre. Puis il ajoute un peu d'eau jusqu'à obtenir une espèce de pâte. Celui qui est blessé s'allonge par terre en gémissant. Il mâche un peu de pâte et fait la grimace.

« Nous n'avons pas de canneberge, m'explique le

plus âgé. La canneberge est une bonne médecine. C'est une bonne médecine à manger et à appliquer sur la peau. L'écorce de saule stoppe la douleur, mais elle ne soigne pas. »

Je prends ma respiration. Mon cœur se met à battre la chamade.

« Qu'est-il arrivé à ma famille ?

— Ils vont bien », me répond-il.

Ils vont bien.

« Ils t'attendent sur les rives de l'Allegheny.

— Je parle des Campbell. »

Je retiens mon souffle.

« L'Allegheny... »

Je lui demande d'une toute petite voix :

« Ils sont morts ? Vous les avez tués ?

— Non, dit-il en me regardant froidement. Ta famille t'attend. »

Le soir, ils étalent une substance grasse sur mon visage, mon cou, mes oreilles et mes bras. Des nuages de moustiques bourdonnent autour de moi mais ne m'attaquent pas. La graisse doit les repousser.

Pourquoi y a-t-il soudain autant de moustiques ? De ce côté-ci de la montagne, la terre n'est pas la même – plate, légère, humide. Sommes-nous tout près de l'Allegheny ? Quand reverrai-je la Susquehanna ?

Je reste éveillée et grogne intérieurement : « Tout est de ta faute, Mary. C'est à cause de cette scène, le matin de ton anniversaire, que tu te retrouves ici. Ces Delawares t'ont entendue crier. Comment as-tu pu être aussi stupide ? Pourquoi es-tu allée seule dans le pré ? Et pourquoi ne t'es-tu pas enfuie en courant ? »

Une racine d'arbre me rentre dans la chair du dos. Mes grognements continuent de bourdonner à mes oreilles pendant une bonne partie de la nuit, tout comme les moustiques.

Le lendemain, je me réveille en sentant quelque chose comme de l'écorce d'arbre contre ma joue. C'est le plus âgé, qui me touche le visage de sa main rugueuse.

« Nous repartirons une fois que nous aurons mangé. »

Après un petit déjeuner de farine de maïs et d'eau, nous nous remettons en marche.

Je suis sûre qu'aucun Anglais n'a jamais vécu dans ces forêts. Il n'y a ni ferme, ni route, ni auberge, ni taverne, ni atelier de maréchal-ferrant, ni barrières. Juste des arbres, aussi larges que des cheminées et plus hauts que des flèches d'église. Ils sont si denses qu'ils masquent le soleil. Nous marchons jour après jour dans une brume verdâtre et écœurante de feuillage. Quand il pleut, j'entends le tonnerre rouler et gronder au-dessus de nos têtes mais, sous l'épaisse voûte des arbres, la pluie est aussi légère que de fines gouttelettes de brouillard.

Et les animaux ! Des oiseaux au plumage coloré volent de branche en branche, si haut dans le ciel qu'ils ressemblent à de minuscules fleurs sauvages prisonnières du vent. Des écureuils et des tamias nous chapitrent depuis la cime des arbres. Un jour, nous voyons un ours qui sommeille avec deux oursons endormis à ses pieds. Des biches et des faons paissent dans les clairières.

Un autre jour, c'est un renard que nous apercevons, un bâton dans la gueule, qui s'avance doucement dans un ruisseau. Les deux frères se sourient, puis s'agenouillent derrière un tronc pour l'observer. Le plus âgé me voit froncer les sourcils et m'explique doucement :

« De tout petits insectes ont élu domicile dans sa fourrure. Regarde comment un renard rusé s'en débarrasse. »

Tandis que l'animal entre lentement dans l'eau, je vois des puces bondir de plus en plus haut sur son dos. Au bout d'un moment, elles sont toutes sur sa tête. Il plisse les yeux tellement elles grouillent. À présent, certaines sautent sur le bâton qu'il tient dans sa gueule. Lorsqu'il est entièrement dans l'eau, avec juste son museau et ses dents qui dépassent, et que les puces sont toutes sur le morceau de bois, il le lâche ! Et le frêle esquif couvert de puces descend le courant.

J'ai vraiment l'impression que le renard rit en regagnant la berge. Il s'ébroue, se lèche deux ou trois fois et repart au trot dans la forêt.

À l'exception de Mrs. Stewart, nous avons tous le sourire aux lèvres. Même Visage Grêlé me fait une petite grimace.

Nous repartons. Au crépuscule, nous nous installons pour manger.

« Demain, nous serons arrivés à notre village, annonce le plus âgé. Il faudrait peut-être que la petite-fille de notre sachem et que son amie aillent se laver à la rivière. »

Il me regarde longuement.

Je sursaute.

« Oh ! Merci. »

Mrs. Stewart et moi suivons le ruisseau en aval, jusqu'à un plan d'eau assez profond, et déposons nos vêtements déchirés sur des buissons. Assises dans l'eau, nous nous frottons le corps avec du sable et des galets. Je fais couler de l'eau fraîche sur mes cheveux collés par la sueur.

Mes habits sont comme empesés, tant la poussière s'est mélangée à la transpiration. Je sors de l'eau, trempe ma chemise et ce qui reste de ma robe dans le courant, puis les enfile encore mouillées. Je trouve une petite mare d'eau plate, de la taille d'une soupière, et frotte délicatement mon col en dentelle entre mes mains.

« Mrs. Stewart, celui qui est le plus âgé semble persuadé que Netawatwees Sachem me voudra comme petite-fille. Pourquoi ? C'est comme s'ils étaient partis chercher une petite-fille. Je ne comprends pas.

— Je ne sais pas, Mary. Tout ce à quoi j'arrive à penser, c'est à mon petit Sammy, qui est au Ciel, et à mon cher époux », me répond-elle tristement.

Elle tresse mes longs cheveux en deux nattes et attache l'extrémité avec des morceaux d'ourlet déchirés.

Je me retourne pour la regarder dans les yeux.

« Nous pourrions nous sauver », dis-je doucement.

Elle blêmit. Son visage est aussi blanc qu'un cornouiller en fleur.

« Ne répète jamais ce mot. Ils pourraient deviner tes intentions.

— Mais... »

Elle me prend la main.

« Chérie, nous serions rôties vivantes sur le bûcher s'ils nous rattrapaient. C'est ce que tu veux ? »

Toute ma vie, j'ai entendu les grandes personnes parler à voix basse du bûcher. Jusqu'alors, je m'étais toujours demandé pourquoi un captif se mettrait dans une situation aussi stupide et dangereuse. Maintenant, je comprends.

« Je veux rentrer chez moi.

— Entre deux maux, être prisonnière mais en vie parmi eux, ou mourir d'une mort cruelle s'ils nous rattrapaient, lequel préférerais-tu, Mary ?

— Je veux rentrer chez moi.

— Si nous pouvions simplement attendre d'être délivrées...

— Mrs. Stewart, je vous ferai signe. »

Je tire sur le lobe de mon oreille avec ma main droite.

« Quand je ferai ce geste, cela voudra dire que c'est le moment de se sauver.

— Oh, Mary...

— Promettez-moi de venir avec moi. Promettez-moi que nous essaierons.

— Je te promets d'y réfléchir. Je ne peux pas te dire mieux. »

4

L'Allegheny

Nous arrivons le lendemain, en fin de matinée. Juste après un énorme marronnier à fleurs rouges, nous tournons à gauche, et je vois alors une vingtaine de wigwams installés près d'une rivière. Des femmes lavent des bols sur les berges. Un groupe d'enfants nage près du bord.

À côté des wigwams, de grosses marmites, suspendues à des trépieds au-dessus des feux, laissent échapper un fumet si appétissant que j'en ai des crampes à l'estomac. J'ai tellement faim que je pourrais manger n'importe quoi. N'importe quoi, sauf de la farine de maïs mélangée à de l'eau.

Je demande :

« Allegheny ? »

Le plus âgé hoche la tête.

Au même moment, une femme gracieuse sort d'un wigwam avec deux gourdes à la main, et se dirige vers nous.

« Voici ta mère, Hepte, me dit le plus âgé. Son nom signifie "cygne". »

Ma mère ?

La femme nous salue de la tête et donne au vieil homme, puis au plus grand des cinq Indiens, une gourde à chacun. Elles sont remplies d'eau.

« Et voici ton père, Coquetakeghton », continue le plus âgé en me montrant le plus grand des Indiens.

Il boit une gorgée d'eau, puis rend la gourde à la femme.

« Son nom veut dire "œil blanc" en anglais. »

Je me tourne vers lui et je le regarde comme pour la première fois. Œil Blanc. C'est facile. Mais, bien sûr, ce n'est pas vraiment mon père.

Les femmes s'écartent des feux et s'approchent de nous. Plusieurs d'entre elles apportent au vieil homme des bols de soupe brûlante et odorante. Je regarde avec envie la viande et les légumes qui flottent à la surface. Il boit une gorgée dans chaque bol, dit quelque chose en souriant, puis rend le bol.

« Netawatwees Sachem », dit l'une des femmes.

Je m'exclame :

« C'est vous ! Vous êtes Netawatwees Sachem ?

— Mon enfant. »

Il m'adresse le même sourire qu'aux autres femmes.

« Bienvenue chez toi. »

Le wigwam de Netawatwees Sachem est plus grand que les autres. Les gens se rassemblent à l'intérieur, le dos contre les parois d'écorce et de jeunes troncs d'arbre, et le visage teinté d'orange à la lueur du feu. Sa fille, Hepte, offre des bols de soupe à tout le monde. Il doit sans doute y avoir une Mrs. Netawatwees Sachem. Hepte nous sert en dernier, Mrs. Stewart et moi. Quand mon tour arrive, elle me parle d'une voix douce.

J'engloutis la soupe. De mes doigts sales, je vais à la pêche aux morceaux de venaison, aux carottes et aux oignons sauvages que j'enfourne aussi vite que possible. Quand j'ai fini, Hepte me donne un bol d'eau chaude et me fait comprendre que je dois me laver le visage. Le wigwam, bondé de corps en sueur, est étouffant, mais je trouve le contact de l'eau chaude sur ma peau délicieux. La graisse contre les moustiques s'en va comme le suif d'une pierre en juin.

Pendant que je me nettoie, je les écoute parler.

Les mêmes mots reviennent plusieurs fois : *Cuyahoga Sipi*, *Tuscawaras Sipi* et *Oyo Hoking*. Chaque fois que quelqu'un dit *Oyo Hoking*, ils se mettent tous à crier, les femmes tout aussi fort que les hommes. Mais lorsque Netawatwees Sachem parle, le silence se fait. Il dit *Oyo Hoking* plus souvent que les autres. Ils nous ignorent, Mrs. Stewart et moi, et parlent jusque tard dans l'après-midi.

Je finis par m'assoupir, le mot *Oyo* bourdonne à mes oreilles. Quelqu'un m'allonge à terre et pose une couverture sur mes épaules.

Le lendemain, pour la première fois depuis que j'ai quitté le Connecticut, je n'ai rien à faire. Je reste sous le wigwam à dormir et à espérer que je vais rêver à des temps meilleurs à Fairfield. Sauf que je rêve de notre concession en Pennsylvanie. Je vois ma famille assise autour de la table, qui me harcèle de questions : « Quel jour sommes-nous, Mary ? Quel mois ? Pourquoi n'es-tu pas revenue à la maison ? »

Je réponds : « Sommes-nous en septembre ? » Ils secouent la tête tristement quand ma réponse ne les satisfait pas. « En août ? dis-je en gémissant. Je ne sais plus. »

Je me réveille, le cœur battant à tout rompre.

La fille de Hepte est assise à califourchon sur moi. Elle me montre du doigt et éclate de rire.

« Va-t'en ! dis-je, avec humeur. Laisse-moi tranquille. »

Elle rit de nouveau. Tout en mettant la main sur sa poitrine, elle baragouine quelque chose d'incompréhensible. J'en conclus qu'elle essaie de me dire son nom.

« Laisse-moi tranquille. »

Elle se penche et rit de plus belle.

Je la repousse, me lève et sors à la recherche de Mrs. Stewart. La fille de Hepte court devant moi. Elle sautille hardiment de droite à gauche, bavarde et essaie d'attraper mon bonnet de coton.

Je lui montre une petite mésange à tête noire, perchée à moins d'un mètre de nous sur une branche, qui nous toise d'un air effronté.

« C'est une petite mésange. »

Je me tourne vers la fille de Hepte.

« Tu es... une petite mésange. »

La fillette rougit de plaisir. Elle virevolte sur la pointe des pieds et, à ma grande surprise, imite à la perfection le chant de la mésange.

« Petite mésange ! Petite mésange !

— Ce sera ton nom, alors. Petite Mésange. »

Quelques jours plus tard, je me réveille éblouie par le soleil. Notre wigwam a disparu. Les autres sont repliés et attachés ensemble avec des rameaux de vigne.

« Tu es réveillée, me dit doucement Netawatwees Sachem. Nous avons attendu que tu te sois reposée après notre longue marche. Nous partons pour l'Oyo Hoking. Ce que les Anglais appellent "le territoire de l'Ohio". Ils nous ont assuré que nous y serions en sécurité, et nous n'avons pas d'autre choix que de les croire. Nous pouvons vivre sur les rives de la Tuscawaras Sipi ou de la Cuyahoga Sipi. La Cuyahoga est un peu plus loin. Nous avons décidé de nous installer là. Mange vite. Nous partons maintenant. »

Après un petit déjeuner de farine de maïs et d'eau, Hepte m'attache un sac dans le dos et m'en donne un autre à porter dans les bras. Le sac à dos est lourd et la lanière de cuir frotte contre ma nuque. Son contenu est mou quand j'appuie dessus. J'attends que personne ne me regarde pour jeter un coup d'œil à l'intérieur. Il est rempli de farine de maïs. Encore de la farine de maïs.

« Tu transportes la nourriture de la famille. C'est un honneur », m'explique Netawatwees Sachem.

Je referme le sac avec un bruit sec. Ce vieux Netawatwees Sachem ne rate rien.

Nous suivons l'Allegheny vers le sud et passons à

gué à un endroit où l'eau est peu profonde. Je suis fatiguée et mon dos me fait déjà mal à cause du sac.

Quatre jours plus tard, nous arrivons au confluent du fleuve Ohio. Perché sur la falaise, fort Pitt se dresse fièrement sur l'autre rive avec le drapeau anglais claquant au vent, les hommes du roi en uniformes rouges, les canons pointés vers le fleuve. Je regarde avec envie la ville complètement délabrée de Pittsburgh ; elle s'étend sur les rives de l'Ohio, tel un amas de choux pour sconses. Ma mère dit que Pittsburgh est remplie de négociants soûls du matin au soir, d'agents indiens encore plus soûls et de femmes aux mœurs légères. Mais même l'ivrogne le plus soûl ou la femme aux mœurs les plus légères serait prêt à me délivrer. Je décide d'agiter mon bonnet dans leur direction.

Visage Grêlé se tient sur mon passage. Il m'empêche de voir la ville et la ville de me voir. Son visage est impassible mais son regard meurtrier. Je détourne la tête, le cœur gros.

Arrivée en haut de la rive escarpée, je me retourne. Vers l'est. Là où j'ai laissé ma maison. Ma famille. Mes problèmes. L'ouest, toujours l'ouest.

Nous nous tenons tous sur la berge, et regardons derrière nous. Netawatwees Sachem contemple le fort, une expression de triste défaite dans les yeux.

« Oh ! me dis-je en comprenant soudain quelque

chose. Les Campbell vont vers l'ouest parce qu'ils le veulent. Les Delawares parce qu'ils ne peuvent pas faire autrement. »

Quelqu'un marche sur l'ourlet de ma robe et les derniers points autour de la ceinture cèdent. Je me dégage de la jupe et la laisse à terre. Sans même un regard en arrière. De toute façon, les Indiens sont tous pratiquement nus ; leur peau brille du même brun-roux que la peau des pommes de terre.

Cela fait dix semaines (d'après mon calcul) que mes parents et mon frère sont sans nouvelles de moi. Que penseraient-ils s'ils me voyaient marcher péniblement dans ces étendues sauvages, chargée comme un baudet, un bonnet de coton déchiré sur la tête, une délicate chemise venant de Paris sur le dos et des sous-vêtements sales ?

Je pense à Christophe Colomb foulant le sol du Nouveau Monde en caleçon et revendiquant cette terre à chacun de ses pas, au nom du roi et de la reine d'Espagne. J'éclate de rire. Hepte me regarde et sourit.

L'atmosphère est humide, ce soir. Je m'allonge sur le sol de la forêt. Des gouttes de sueur perlent à mon front et roulent jusque dans mes oreilles.

Mon père m'a raconté que les arbres transpiraient, tout comme nous. Il disait qu'un gros chêne perdait des litres et des litres d'eau par jour. Plus il y a de feuilles dans une forêt, l'été, plus l'humidité est élevée.

Tous ces arbres gigantesques rendent l'air incroyablement humide. Si je le serrais entre mes mains, je pourrais l'essorer comme un torchon.

Je n'arrive pas à dormir. Pourquoi Netawatwees Sachem ne m'a-t-il pas révélé tout de suite son identité ? Pourquoi Œil Blanc ne m'a-t-il pas dit que j'étais destinée à être sa petite-fille ? Je regarde Visage Grêlé, celui qui a tué Sammy ; il chante une berceuse à ses enfants. Son visage ravagé n'est que douceur, ses yeux débordent de tendresse.

Quand je comprends, je me sens glacée jusqu'aux os.

Netawatwees Sachem m'observait pour savoir si je serais digne d'être sa petite-fille. Si je ne l'avais pas été, il aurait demandé à Visage Grêlé de me tuer.

5

La marche

J'ai mal partout.

Aux pieds, au cou, aux jambes, aux épaules. Même aux coudes. Même aux doigts.

Nous cheminons à la queue leu leu. Les hommes et les garçons ouvrent et ferment la marche ; les femmes et les enfants sont au milieu.

Mon estomac ne cesse de gargouiller parce qu'il n'y a jamais assez à manger, et ma soif n'est jamais apaisée, même si je bois de grandes gorgées d'eau à chaque rivière ou à chaque ruisseau que nous traversons. Je m'asperge le visage, mais la sueur continue de ruisseler sur mon front et de me picoter les yeux.

Je pense aux plats que préparait ma mère ; j'y pense si fort que je peux presque sentir l'odeur de son rôti de porc juteux, avec sa sauce à la prune qui me dégoulinait le long du menton. La pâte de son gâteau aux pommes qui fondait dans ma bouche. Son beurre de cerises qui était acide et sucré à la fois. Son pain aussi léger qu'un nuage.

Nous sommes deux cents environ, et chacun porte quelque chose. Même les jeunes enfants se sont vu confier de petits paniers fermés, remplis de baies et de fruits secs. Nous n'avançons pas très vite. Les petits ne marchent que la moitié de la journée. Après le déjeuner, nous devons les porter. Aussi, la seconde partie de la journée est-elle encore plus lente et plus dure que la première. Mais grâce à eux, nous nous arrêtons dès que la nuit tombe. C'est déjà ça.

Mrs. Stewart est avec une autre famille. Au début, elle ne voulait rien porter, mais la grand-mère de sa famille lui a attaché un sac dans le dos. Il est si bien fixé qu'elle ne peut pas l'enlever. Elle me fait de la peine ; même les chiens sont nourris avant elle.

Tous les jours, à midi, nous déjeunons au bord d'un ruisseau. J'ai appris à mélanger de la farine de gland grillée et moulue avec de la graisse de cerf et suffisamment d'eau pour en faire une pâte. Nous l'étalons sur des bâtons pour la faire rôtir. Une fois cuite, on dirait du bois brûlé. Mais ils avalent ça comme si c'était de la dinde de Noël.

Je ne serai jamais comme eux, jamais ! Ce sont des sauvages pour qui de vrais vêtements et une vraie maison ne signifient rien. Ils mangent ce que des animaux refuseraient. Si Netawatwees Sachem pense que je vais devenir sa petite-fille, il se trompe.

Mais si je témoigne le moindre regret, le moindre désir de rébellion ou la moindre tristesse, ils risquent de se débarrasser de moi comme du petit Sammy.

C'est pourquoi j'ai décidé d'être aussi douce et aussi docile qu'un agneau, et de cacher ma nature véritable. Je serai deux personnes à la fois : l'agneau que les Delawares verront à l'extérieur, et la vraie Mary à l'intérieur. Je ne leur montrerai jamais la vraie Mary, jamais.

« Voilà ce que je vais faire, me dis-je tout bas.

— Tu souris, remarque Netawatwees Sachem.

— Il fait si beau aujourd'hui. »

Je lui adresse mon plus joli sourire d'agneau.

« Oui, c'est une journée splendide », me répond-il en souriant à son tour.

Je me retiens de bêler. Ça marche !

Aujourd'hui, pendant la pause du déjeuner, Petite Mésange a une mauvaise toux et paraît aussi fatiguée que moi. Elle s'allonge par terre en gémissant doucement.

Quand nous repartons, Œil Blanc la prend sur son dos. Elle a le regard vide et fiévreux ; sa peau cuivrée est encore plus rouge que d'habitude.

Quand je lui souris, son visage s'éclaire. Elle tend la main et me caresse la joue de sa petite paume chaude et potelée. L'air soucieux, Hepte pose une couverture sur ses épaules.

Dieu crée les maladies qui tuent les Indiens par milliers. Tout comme autrefois, quand Il a pris une épée vengeresse pour châtier les Cananéens afin que les enfants d'Israël puissent gagner la Terre promise, Il châtie ces sauvages au nom de la Nouvelle Alliance, afin que Ses enfants gagnent la nouvelle Terre promise. Dieu les châtie pour nous. Dieu les tue pour moi.

Mais je ne veux pas que Petite Mésange meure. Pourquoi Dieu le voudrait-Il, alors ?

Je regarde le visage de la fillette, affalée contre l'épaule de son père. Sa respiration est haletante, son nez coule. Elle est tout abattue et dort par à-coups.

Je glisse sur le chemin et Netawatwees Sachem m'aide à me relever.

« Mon enfant, dit-il doucement, nous allons bientôt nous reposer. »

Lorsque nous nous arrêtons, Petite Mésange se

laisse tomber des bras de son père, aussi avachie qu'une vieille poupée de chiffon. Elle respire bruyamment. Ses bronches doivent être très encombrées. Hepte lui frotte la poitrine avec une huile parfumée à la menthe et au poivre.

Après le dîner, une femme vient voir la petite et donne de l'huile supplémentaire à sa mère. L'huile est bouillante ; elle a été chauffée près du feu.

Hepte en frictionne la poitrine de sa fille. Petite Mésange hurle parce que l'huile est chaude. D'autres enfants sont malades, aussi. Nous passons la nuit ici afin qu'ils puissent dormir tout leur soûl.

Le campement sent la menthe et le poivre. Tous les enfants ont le torse brillant d'huile. Mais même si la nuit est chaude et qu'ils sont installés près du feu, ils grelottent dans leur sommeil et laissent échapper des gémissements.

Allongée, les yeux grands ouverts, je regarde les étoiles qui scintillent entre les arbres sombres, et je prie à voix basse :

« Mon Dieu, je ne pense pas que ce soit Votre idée de m'avoir choisie à la place de Petite Mésange et des autres enfants. Mais si c'est le cas, Vous n'êtes pas obligé de choisir, parce que je n'ai pas demandé à être ici. Renvoyez-moi chez moi à la place. S'il Vous plaît. »

En se levant, le vent fait bruisser les arbres et chasse les étoiles.

Je coince ma couverture sous mes jambes et m'endors avant d'avoir fini ma prière.

Les montagnes ont disparu. Nous traversons une région aux collines arrondies.

Je n'en reviens pas de me trouver sur une piste. Celle-ci coupe la forêt en ligne droite, comme si quelqu'un (quelque chose ?) avait abattu les arbres pour la tracer. D'où vient cette piste au cœur de l'immensité sauvage ?

Le soir, je demande à Netawatwees Sachem :

« Comment se fait-il que nous suivions une piste ? Personne ne vit ici. »

Il me sourit.

« Il y a très longtemps, mon enfant, les Delawares vivaient en compagnie d'animaux aussi grands que les collines. D'immenses créatures au corps couvert de fourrure, aux pattes hautes comme un homme, et au nez allongé et souple comme le tronc d'un jeune arbre. Nous les appelions les *yah-qua-whee*.

« Ces animaux aussi grands que les collines aimaient se nourrir d'herbe. Certains pensaient que la meilleure poussait à l'est, aussi ils allaient vers l'est pour en trouver. D'autres pensaient qu'elle poussait à l'ouest, aussi ils allaient vers l'ouest pour en trouver.

« Ils marchaient en ligne droite afin de ménager leurs forces. Et c'est en allant d'est en ouest, d'ouest en est, incapables de décider où poussait la meilleure herbe, que les animaux aussi grands que les collines ont créé les pistes. Elles sont restées depuis, parce que d'autres bêtes et les hommes continuent de les emprunter. »

Je regarde avec anxiété autour de moi.

« Ces animaux aussi grands que les collines existent-ils toujours ?

— Non. Ça, c'est une autre histoire que je te raconterai plus tard. Peut-être un jour comprendras-tu nos histoires dans notre langue ?

— Je n'arrive pas à imaginer à quoi ils ressemblaient. »

Netawatwees Sachem trace un dessin dans la terre. Les animaux aussi grands que les collines me font penser à d'énormes éléphants couverts de laine, avec des défenses qui se croisent au milieu.

Des éléphants dans l'Ohio ?

Puis, autour des éléphants, il dessine des chasseurs munis de lances. La plus petite des défenses est plus grande que le plus grand des hommes.

« Ces hommes – je désigne les porteurs de lances –, ce sont des Delawares ? Je ne comprends pas, vous viviez à l'est, pas ici.

— C'est également une autre histoire, mon enfant. »

Je me dis que cette région ferait de merveilleuses terres arables. Les collines formeraient de parfaites barrières contre le vent. La terre est noire, si riche. Elle est humide et pourtant spongieuse, comme un gâteau à la mélasse à peine cuit. Les légumes ne pourriraient pas, même par temps de pluie. Mon père aimerait posséder une ferme ici. « Le drainage est bon », dirait-il. Le maïs, les potirons, les haricots et les courges deviendraient aussi grands que les collines.

Quelques jours plus tard, après dîner, alors que nous sommes tous assis en cercle autour de notre foyer, Hepte et Œil Blanc commencent à se disputer. Ils me montrent du doigt, puis se querellent de plus belle. Les yeux de Hepte brillent comme des braises à mesure que sa voix devient de plus en plus courroucée. Petite Mésange retient ses larmes et regarde tour à tour ses parents et moi. Netawatwees Sachem me contemple tristement.

La peur me saisit comme un loup à la gorge.

« Je vous en prie, ne me tuez pas... Je ne veux pas mourir. »

Ma voix est à peine plus audible que le couinement d'une souris.

« Je ne me suis pas plainte une seule fois. Je n'ai jamais renversé ma nourriture, même pas un tout petit peu. Je vous en prie. »

Mon sang bourdonne à mes oreilles quand je vois Hepte fouiller dans son sac. Un tomahawk ? Un couteau pour me scalper ? J'ouvre la bouche, prête à hurler.

Elle sort une paire de mocassins à perles.

« C'est un cadeau pour toi, mon enfant », me dit Netawatwees Sachem.

Hepte s'assoit à côté de moi et dépose les mocassins dans mes mains. Ils sont du même jaune pâle que le beurre, et tout aussi doux ; le dessus, couvert de motifs compliqués représentant des triangles et des demi-lunes, est orné de perles chatoyantes qui déclinent toutes les nuances du bleu.

« Ils sont magnifiques, dis-je à Hepte. Merci. »

Je retire mes chaussures et les enfile. Elles me vont parfaitement.

« Le bleu est ma couleur préférée, grand-père. Dis-lui. »

Après que Netawatwees Sachem a traduit, Hepte prend mon visage entre ses mains et me parle. Elle sourit, mais ses yeux sont emplis de tristesse.

« Ma fille dit que les perles sont comme tes yeux, m'explique Netawatwees Sachem, et que tu ne dois porter ces mocassins que pour de grandes occasions.

— Bien sûr. Merci. »

J'agite mes orteils. Les perles tremblotent et dansent tels des rayons de soleil sur la plus limpide des eaux.

Mais quelles grandes occasions ces gens peuvent-ils avoir ? Tous les regards sont braqués sur moi tandis que j'ôte à regret les mocassins et les range dans mon sac. Au moment où je le referme, une ombre passe sur leur visage à tous. Des larmes coulent le long des joues de Hepte ; elle détourne la tête.

Une douce tristesse plane au-dessus de nous, comme si un ange funèbre nous avait rassemblés sous ses ailes. Je comprends soudain : c'est Hepte qui a fabriqué ces mocassins, et ils appartenaient à sa fille défunte.

Pourquoi ne me le disent-ils pas ?

Le lendemain matin, j'aperçois une fine couche de givre sur l'herbe !

Les garçons s'amusent aussitôt à se pousser les uns les autres. J'en ramasse une poignée et je me frotte les mains comme je le ferais avec du savon.

J'ai de la graisse contre les moustiques jusque sous les paupières et aux coins de la bouche. Cela me pique les yeux encore plus que la sueur et me donne un goût d'huile et d'amertume dans la bouche. Mes ongles sont noirs et mes paumes sentent mauvais tellement elles sont sales. La crasse s'est incrustée dans les plis de mes articulations et de mes chevilles. Serai-je un jour de nouveau propre ?

Je ne peux penser à rien d'autre qu'à ma fatigue, ma saleté, et ma souffrance omniprésente. Petite Mésange va beaucoup mieux. Elle jacasse sans arrêt derrière moi et me donne mal à la tête à force de parler.

Mon sac est lourd. La farine de maïs se balance de droite à gauche à chacun de mes pas. Au début, je pensais que nous la mangerions. Dès que le temps a commencé à fraîchir, Hepte a donné aux siens les vêtements en peau de daim que je transportais. Petit à petit, mon fardeau s'allège. La nuit, je rêve de ne plus rien porter avant la fin de notre expédition. Mais nous n'avons encore pas touché à la farine de maïs.

Mes genoux heurtent mon sac à longueur de journée ; ils sont tout rouges et douloureux le soir. Ma nuque est en sang dès midi à cause des lanières en cuir qui me scient la peau du cou. J'ai appris à coincer des feuilles sous les lanières ; cela me soulage un peu. Mais j'ai la nuque toujours raide et aussi douloureuse que mes genoux.

Il fait aussi frais le matin que le soir, à présent, et les moustiques ont disparu. La graisse dont nous nous enduisions pour nous en protéger est rangée. Dieu soit loué !

Les feuilles ont cette apparence polie qu'elles prennent juste avant de changer de couleur et de tomber. Le vent du soir souffle dans mes cheveux, et rafraîchit la sueur sur mon front et mon cou moites.

Un soir, Hepte regarde mes jambes et porte ses mains à sa bouche. Ma peau n'est que plaies, coupures et rougeurs. Elle dit quelques mots à son père, puis me donne des jambières qu'elle prend dans son sac. Elles sont jolies, avec de longues franges sur les côtés qui bruissent quand je marche. Une ceinture permet de les nouer à la taille, et elles sont munies de bandes de cuir noir que j'attache derrière mes genoux afin de les maintenir en place. À présent, je suis protégée des broussailles et des épines des buissons.

« Mon enfant, dit Netawatwees Sachem, ta mère est désolée de ne pas avoir pensé à tes jambes plus tôt. Sois courageuse. Nous nous baignerons bientôt dans la Cuyahoga. »

Le corsage de ma robe d'anniversaire n'existe plus depuis longtemps. Ma chemise est en lambeaux : ce qui était autrefois de la dentelle vaporeuse n'est plus qu'un tissu sale dont les fils pendent. Mon joli col en dentelle a disparu, une nuit. Je l'ai vu noué au poignet d'une femme quelques jours plus tard. Mon joli col en dentelle de Flandre, noué au poignet d'une Indienne !

Le soir suivant, Hepte fouille dans son sac et me donne une longue robe en cuir avec une ceinture. Maintenant, je suis comme eux, à l'exception de mes cheveux roux et de mes yeux bleus. Même ma peau est aussi cuivrée que la leur. Ma mère disait toujours qu'on reconnaissait une dame à la couleur laiteuse de sa peau. Quand serai-je de nouveau une dame ?

Hepte met en pièces ma chemise et ma culotte effilochée et en donne des morceaux à chaque famille. Je vois une femme poser un bout de dentelle sur le plat de sa main, et admirer le délicat ouvrage. Les Delawares en font des bandages, des écharpes, des bandeaux pour leurs cheveux. J'aperçois même des restes de mes sous-vêtements enfoncés dans la bouche des mousquets au moment où les hommes les chargent.

À présent, je ne possède plus rien qui me rappelle ma maison. Je porte une vieille paire de mocassins, des jambières et une robe en cuir. Mes cheveux sont nattés. Je n'ai même plus de culotte. Cela me donne une merveilleuse sensation de fraîcheur, mais m'éloigne encore plus de chez moi que toute cette immensité sauvage qui nous entoure.

Mais j'y pense ! Et le bol de ma grand-mère Campbell, celui qui venait d'Écosse, avec des roses peintes au fond, que lui est-il arrivé ? Quand nous nous arrêtons pour manger, j'observe attentivement toutes les familles. Je ne le vois pas. Une femme l'a sans doute caché, de peur qu'il se casse sur la piste ou que je le lui réclame.

Je fixe la femme qui a attaché le morceau de dentelle à son poignet. Je suis sûre que c'est elle qui a pris mon bol. Mais les membres de sa famille plongent leurs mains dans un gros bol en bois rempli de mûres, tout comme les autres. Elle surprend mon regard, et me le rend avec impudence. Bientôt, une lutte s'instaure entre nous, pour savoir qui des deux se détournera la première.

C'est moi.

Petite Mésange s'assoit toujours à côté de moi quand nous prenons nos repas. Elle jacasse à mon oreille et me donne de la nourriture de son bol. Je fais mine de manger. Lorsque je claque la langue et me frotte l'estomac, elle éclate de rire et frappe dans ses mains. Dès qu'elle tourne la tête, je remets ce qu'elle m'a donné dans son bol. Hepte croise mon regard et sourit.

Nous nous couchons pour une nouvelle nuit. Je me souviens de mon lit dans le Connecticut. *Zoum !* faisait le matelas en plumes d'oie quand je m'y allongeais en travers. Il sentait le poulailler, il était chaud et douillet. Je tapotais mon oreiller avant d'y enfoncer la tête. Mon édredon rouge et blanc me rappelait Noël, même en juillet.

Étendue, les yeux grands ouverts, je regarde les étoiles. Elles ressemblent à de petits morceaux de glace éparpillés sur le manteau noir d'un pasteur. Il fait froid. L'été est fini, me dis-je, le cœur lourd. Une saison se termine, une autre commence, et je m'éloigne de plus en plus.

Tous les soirs, Mrs. Stewart vient me retrouver et s'allonge à côté de moi. Nous parlons à voix basse de choses simples : les bougies qui fondent, les fauteuils à bascule, la compote de pommes et les livres de cantiques. Elle me raconte son enfance à Camden, dans le New Jersey. Je lui décris Fairfield, dans le Connecticut.

« Je voudrais tellement rentrer chez moi. Dans le Connecticut ou en Pennsylvanie, ça m'est égal.

— Bien sûr, Mary. Dis bien tes prières et endors-toi. »

Petite Mésange ne tousse plus. C'est la première fois depuis longtemps qu'elle dort aussi paisiblement. Sa respiration est profonde et claire. Les autres enfants vont mieux, aussi.

Cela signifie-t-il que Dieu a entendu ma prière ? Que je serai bientôt de retour chez moi ? Je regarde les étoiles, dans l'attente d'une réponse.

Comme aucune ne vient, je m'en prends à ma famille :

« Dougal, si tu veux vivre au bord du Mississippi

et devenir un trappeur, tu ferais mieux d'apprendre le français et de savoir tes tables d'addition, sinon les Français t'escroqueront quand tu apporteras tes peaux à leurs comptoirs. Fais un effort en lecture, Dougal. Être trappeur, ce n'est pas seulement aller toujours plus à l'ouest. Tu n'es peut-être pas le garçon le plus stupide du monde, mais tu pourrais bien être le plus paresseux.

« Papa, comment as-tu pu oublier mon anniversaire ? Tu aurais mieux fait de rentrer à la maison ce soir-là et nous montrer fièrement tes cuissots de chevreuil qui devaient composer mon dîner d'anniversaire.

« Maman, tu n'as pas vu les fraises, mais je sais que tu m'as vue avec le joli bol rose. Tu devais te douter que j'allais ramasser des baies pour toi. Pourquoi es-tu tout le temps en colère contre moi ? Pourquoi critiques-tu systématiquement tout ce que je fais ? »

Elle ne répond pas.

Je contemple de nouveau les étoiles. Cela me rassure de savoir que nous regardons tous les mêmes étoiles et la même Lune, la nuit, et le même Soleil, le jour. Il en va de même pour les nuages, aussi, qui se déplacent vers l'est, bien que je sois la première à les voir.

6

La Cuyahoga

Nous arrivons quelques semaines plus tard.

Nous nous tenons, les deux cents que nous sommes, au bord d'une falaise au pied de laquelle une rivière serpente entre les arbres. L'eau luit et miroite au soleil d'automne, dont les rayons tombent en oblique. Une cascade gronde au loin.

Netawatwees Sachem descend à la rivière avec quelques hommes pendant que nous attendons, blottis les uns contre les autres. Les hommes qui sont restés examinent les arbres au-dessus de nous, puis la gorge en contrebas.

À les voir, je me sens inquiète. Pourquoi sont-ils si prudents ?

Quand Netawatwees Sachem remonte, à ma grande surprise, il tient une carte à la main et y indique des endroits. Les hommes se mettent tous à parler en même temps avec excitation.

Je pose mon sac à terre. À notre gauche, des nappes de brume montent de la cascade. Au-dessus, un arc-en-ciel s'étire. Les gouttelettes d'eau me rafraîchissent le visage.

Comme ce serait agréable de se plonger dans l'eau froide de la rivière !

La carte me fait penser à Dougal, et à l'exaltation qui s'empare de lui dès qu'il est question de l'Ouest. Elle me rappelle aussi mon père, toujours à parler de l'Ouest comme d'un coin de paradis, si grand, si vaste et désert. « Là où un homme a de la place pour respirer », dit-il tout le temps en se frappant la poitrine comme s'il n'y avait pas assez d'air dans le Connecticut.

« Les confins inexplorés du pays, où l'âme d'un homme peut toucher le soleil couchant.

— Les confins inexplorés du pays », répète Dougal, les yeux brillants.

Je tape du pied et m'en prends de nouveau aux Campbell :

« Trappeur Silencieux, voici une rivière de

l'Ouest, où personne n'est jamais allé. Vas-y. Je parie que tu étais encore au lit lorsqu'ils ont mis le feu à notre maison. Et quand papa a voulu savoir comment tu avais pu laisser faire une chose pareille, tu as sans doute raconté avec grandiloquence que tu avais tiré sur les Indiens depuis la fenêtre, et que tu étais parti dans la forêt en courant pour me délivrer. Ah !

« Papa, je suis sûre que tu t'en veux maintenant. Tu dois contempler notre maison dévastée par le feu et ma place vide à table, et te sentir coupable. Tant mieux. C'est de ta faute si je me retrouve dans l'Ohio sauvage. Tu sais quoi ? Il n'y a pas plus d'air ici que dans le Connecticut ou en Pennsylvanie.

« Grand-père, c'est de ta faute à toi aussi si je suis là. Tu as brisé le cœur de grand-mère en l'arrachant à sa maison. Tu n'aurais jamais dû quitter l'Écosse.

« Quant à toi, maman, pourquoi ne peux-tu jamais... ? »

« Mon enfant. »

Netawatwees Sachem me ramène tout à coup au bord de la falaise. Je cligne des yeux en le regardant, et les Campbell s'envolent comme des boules de pissenlit. Tout le monde s'écarte pour me faire de la place.

« Je crois que nous sommes ici, dit-il en me montrant un endroit sur la carte. Est-ce que tu penses cela aussi ? »

Sa carte ressemble à celle de Dougal. Les mêmes lignes noires figurent les rivières, et les mêmes traits courts et épais forment des mots au-dessus du tracé des cours d'eau. Il me montre les mots.

Il sait lire ! Netawatwees Sachem sait lire une carte aussi bien (peut-être même mieux) que Dougal.

J'étudie la carte. Netawatwees Sachem indique un endroit où la rivière tourne brusquement vers le sud. Puis il me regarde d'un air interrogateur.

« Oui, dis-je, tout en fixant la carte pour ne pas lever les yeux vers lui.

— Bien. C'est la Cuyahoga. J'avais raison. »

Il roule soigneusement le parchemin. Nous ramassons tous nos affaires et empruntons le sentier à pic qui descend vers la rivière sinueuse. Les hommes et les garçons ouvrent et ferment la marche ; ils observent les arbres tout autour.

Se méfient-ils de la présence d'animaux sauvages ? D'autres Indiens ?

La Cuyahoga est profonde et rapide, et si limpide que l'on voit le fond. Des bancs de poissons nagent à contre-courant. De petits crabes d'eau douce se faufilent à toute vitesse entre les galets gris et lisses.

Les enfants veulent se baigner mais les mères

refusent en secouant la tête. À présent, tous les hommes scrutent les falaises alentour. La peur se lit dans leurs yeux. Œil Blanc remonte le long du sentier, son mousquet armé et prêt à tirer.

« Grand-père, pourquoi tout le monde est-il sur le qui-vive ?

— Sur le qui-vive ? Je ne connais pas cette expression.

— Pourquoi tout le monde semble avoir peur ?

— Ah... Parce que nous sommes sur les terres de chasse des Iroquois. Les Delawares sont des Algonquins. Les Algonquins et les Iroquois sont ennemis depuis que les *yah-qua-whee* existent. Si les Iroquois se trouvent dans l'Oyo Hoking, nous devons être prudents.

— Mais pourquoi les Anglais vous enverraient-ils ici si c'est dangereux ? Ils ont dû dire aux Iroquois de rester à l'écart.

— Nous espérons qu'ils n'ont pas parlé de notre venue aux Iroquois, sinon ces derniers risquent de nous attendre pour nous attaquer. »

Il fait chaud aujourd'hui. C'est peut-être la dernière fois de l'année qu'il fait chaud. Deux cents êtres fatigués et aux pieds endoloris contemplent la rivière avec envie. Certains s'avancent dans le courant et font une coupe de leurs mains pour boire. Les hommes et les femmes âgés s'assoient au bord et trempent leurs pieds dans l'eau. Les enfants trépignent en regardant leurs mères, leurs bras potelés tendus vers les rapides.

« Les officiers du roi se fichent pas mal de ce qui pourrait arriver à ces gens, me dis-je avec horreur. Si les Iroquois attaquaient, cela ferait deux cents Indiens en moins, voilà tout. »

Les Anglais ne les auraient jamais envoyés ici s'ils avaient su que Mrs. Stewart et moi étions avec eux.

Œil Blanc revient et s'adresse aux femmes et aux enfants. Je suis surprise de comprendre des bribes de ce qu'il dit. J'attends qu'il ait fini de parler.

Je lui demande dans sa langue :

« Un bon endroit ? »

Il me regarde fièrement, puis me répond en anglais :

« Oui, en haut, sur la falaise, il y a une grotte. Nous allons y passer l'hiver et nous construirons des wigwams au printemps. »

Nous remontons péniblement le sentier à pic. Quand j'aperçois la grotte, je compte le nombre de pas qu'il nous reste avant de l'atteindre. Dix, neuf, huit, sept, six, encore cinq pas, quatre, trois, deux, un. Nous sommes arrivés et je suis toujours en vie !

Je fais glisser la lanière en cuir de mon sac par-dessus ma tête et le laisse tomber à terre avec un bruit sourd. Libre ! Quel bonheur de pouvoir aller et venir sans supporter son poids sur ma nuque et mes épaules. J'ai l'impression d'être plus légère que l'air.

La grotte est large et peu profonde, une trentaine de mètres sur neuf, à peine. Nous serons protégés de la pluie si le vent ne souffle pas trop fort, mais guère plus.

Chaque famille se choisit un coin. Les femmes allument des feux, étendent des couvertures en peau de bête et installent les paniers et les sacs sur le sol. Les chiens se couchent en rond et lèchent leurs pattes.

Je n'en reviens pas de voir que nous n'avons pas touché à la nourriture dont nous étions chargés. Pendant tout le trajet, les femmes ont ramassé des noix, des baies et des plantes comestibles, et les hommes, avec leurs arcs et leurs flèches, ont tué des lapins et des écureuils que nous avons mangés comme des mets exceptionnels, le soir.

Les enfants bondissent d'excitation et tirent sur les manches de leurs mères. Tout le monde a chaud et se sent sale ; tout le monde a envie d'aller se baigner.

« *Heh-heh* », dit Netawatwees Sachem, qui est leur mot pour dire « oui ».

Avec des cris de joie, les enfants retirent leurs vêtements et descendent jusqu'à la Cuyahoga.

« *Tonn.* »

Hepte m'appelle *tonn*, ce qui signifie « fille » dans leur langue. Je me retourne.

Elle se tient devant moi, les bras tendus. À l'exception du sourire sur ses lèvres, elle ne porte rien d'autre. Les yeux arrondis, je regarde les hommes adultes ôter leurs pagnes, leurs jambières, leurs chemises et leurs mocassins. Les vieilles femmes se débattent avec leurs robes qu'elles essaient de faire passer par-dessus leur tête. Des femmes enceintes rient en s'aidant mutuellement à descendre le sentier.

Je bégaie en secouant la tête :

« *K-ku. Ku.* »

C'est-à-dire « non ».

Après un haussement d'épaules, Hepte court rejoindre sa famille. Deux cents êtres nus, pas plus conscients de leur nudité qu'un bébé.

Mrs. Stewart et moi sommes les seules à rester dans la grotte.

« Mary, me dit-elle. Nous pourrons nous baigner ensemble, quand ils seront remontés. Défais ce paquet pour moi, s'il te plaît. »

Un bain serait si agréable. Avec du sable et des galets, je pourrais frotter la graisse et la suie qui se sont incrustées dans ma peau. Dans l'eau étincelante et pure du courant, je pourrais me laver les cheveux que la transpiration, la saleté et la graisse contre les moustiques ont rendus aussi raides qu'une planche.

En bas de la falaise, Petite Mésange éclate de rire. Elle éclabousse l'un des garçons. Je me déshabille...

« Mary ! »

... et m'élance sur le sentier. Les feuilles des arbustes m'effleurent dans ma course vers la rivière.

« Mary ! s'écrie Mrs. Stewart, depuis la grotte. Mon sac ! »

Mon ventre est aussi blanc que le givre que nous avons laissé derrière nous dans les monts Allegheny. Le vent me chatouille en des endroits auxquels je préfère ne pas songer.

L'eau est trouble quand je m'y plonge, et me rappelle les rivières qui coulent en Pennsylvanie et dans le Connecticut – on dirait que ses rives sont habitées. Sa pureté est souillée.

Tout en barbotant, j'essaie de décider si souiller une rivière est une bonne ou une mauvaise chose. Tout le monde rit en s'éclaboussant. Des canards décrivent des cercles au-dessus de nos têtes en poussant des « coin-coin » plaintifs. Des tortues ont grimpé sur des rondins de bois qui flottent sur l'eau et nous observent de leurs yeux primitifs.

Si une rivière convient aux canards et aux tortues, elle doit convenir aux gens, non ?

À quoi bon une belle et limpide rivière s'il n'y a

personne pour admirer sa beauté ? Si c'est la première fois que des êtres humains nagent dans son courant, à quoi peut-elle penser ?

Après plusieurs brasses, je remonte le sentier avec les autres. Les petits enfants gloussent en montrant mon ventre blanc et mes fesses. Leurs parents sourient, heureux de voir leur progéniture rire.

Je cours pour défaire le sac de Mrs. Stewart, Netawatwees Sachem me retient par le bras et m'attire à lui.

« Mais, grand-père...

— Ne lui adresse plus la parole.

— Mais...

— Plus jamais, dit-il, sur un ton ferme. Elle n'est rien pour toi.

— Mais elle...

— *Tonn*, lance Hepte en me fourrant une marmite dans les mains.

— Descends à la rivière chercher de l'eau. Pour mélanger notre farine de maïs. Dépêche-toi, mon enfant », dit Netawatwees Sachem.

J'attrape ma robe et dévale le sentier. Arrivée à un endroit en amont où l'eau est aussi pure que le premier jour de la Création, je remplis notre marmite.

En fin de journée, nous nous installons au bord de la grotte, les pieds dans le vide, contre la paroi rocheuse.

Depuis que nous avons quitté l'Allegheny, une fille d'à peu près mon âge a cherché à devenir mon amie. À plusieurs reprises, je me suis réveillée à l'aube pour trouver près de mon épaule un petit présent – un joli caillou, une plume d'oiseau, un morceau de sucre d'érable. Elle ne me quitte pas des yeux, mais je refuse de croiser son regard. Je n'ai pas eu d'amie depuis Constance, et je veux garder intact son souvenir, comme celui de Fairfield.

En ce moment, la fille est assise à côté de moi et me parle à toute vitesse, sans même reprendre son souffle, comme si j'étais censée parler sa langue.

« Je ne comprends pas, lui dis-je. Je ne connais même pas ton nom. Je ne peux pas être ton amie.

— Elle s'appelle Kolachuisen, déclare Netawatwees Sachem.

— Kola-chewy-sen ? »

La fille rit aux éclats en frappant dans ses mains.

« Qu'est-ce que ça veut dire, grand-père ?

— Bel Oiseau Bleu.

— Un oiseau bleu ! »

Je plaque mes mains sur mes yeux. J'ai aperçu un oiseau bleu la veille de la mort de Sammy. Ses plumes étaient de la couleur de mes yeux et de ma robe d'anniversaire, et je me souviens de m'être fait une promesse stupide : je reverrai les Campbell.

Je n'ai pas la force de regarder Kolachuisen. Ma promesse mise en pièces me fait trop mal.

Quand je laisse enfin tomber mes mains, elle a disparu.

Le soleil couchant transforme la Cuyahoga en un ruban doré. Nous nous asseyons tous pour le regarder disparaître. Même Mrs. Stewart est assise parmi nous. Quelqu'un lui a détaché son sac.

Les reflets de l'eau sont si beaux que, pour la première fois, je me sens... non pas heureuse, mais reconnaissante d'être en vie et de pouvoir apprécier ce coucher de soleil. C'est bon d'avoir de nouveau un toit, même si ce n'est qu'une grotte.

Le soleil s'est retiré et nous rentrons tous dans notre nouvelle maison.

Après dîner, chaque famille s'installe autour de son foyer. Nous sommes propres, la chaleur ne nous incommode plus et nous avons le ventre rempli. Tous les regards sont braqués sur les flammes et sur moi. Hepte m'a donné un peigne avec lequel j'essaie de démêler les nœuds de mes cheveux.

« Mon enfant, murmure Netawatwees Sachem, ils disent tous que c'est une chance pour nous d'avoir quelqu'un dont les cheveux sont aussi rouges que les flammes qui vivent parmi nous. Quand il fera froid cet hiver, il leur suffira de regarder tes cheveux pour sentir la chaleur. »

Je contemple notre feu et je me souviens. Notre cheminée à Fairfield était immense, avec des compartiments séparés pour faire rôtir la viande, cuire le pain et mijoter les ragoûts. Nous avions tous notre propre siège. Le mien n'était qu'un banc jusqu'à mon neuvième anniversaire, quand papa m'avait offert un vrai fauteuil à bascule qu'il avait lui-même fabriqué.

« Tu berceras bientôt tes enfants dans ce fauteuil, Mary, m'avait-il dit. C'est du chêne solide, fait pour durer.

— Merci, papa. Merci », avais-je répondu.

Mon fauteuil est-il réduit en cendres aujourd'hui ?

Petite Mésange rampe jusqu'à mes genoux et glisse ses bras autour de mon cou. Sa peau sent légèrement la menthe et le poivre. Elle a aussi cette odeur fine, presque sucrée, de l'eau propre. Je la berce dans mes bras, comme si elle était l'un de mes bébés. Je murmure à son oreille :

« Je suis contente que tu sois toujours en vie, Petite Mésange. Dieu ne m'a pas choisie à ta place. Cela veut dire que ma prière a été entendue. Je rentrerai chez moi.

— *Kamis*, s'écrie-t-elle. *Kamis, kamis*.

— Petite Mésange t'appelle "sœur" », m'explique grand-père.

Kamis signifie « sœur », *tonn* « fille ». Mrs. Stewart sera-t-elle désormais la seule à m'appeler Mary ?

Je peigne les cheveux de Petite Mésange. Les flammes éclairent ses longues boucles brunes comme la lumière du soleil les ailes d'un corbeau.

Je lui fais des nattes. De l'autre côté du feu, Hepte et Œil Blanc nous sourient. Hepte me donne des lanières en cuir pour attacher l'extrémité des tresses.

Petite Mésange a fini par s'endormir sur mes genoux. Sa mère la porte et l'installe sur une couverture, puis elle s'assoit derrière moi et me coiffe. C'est agréable, le peigne sur mon crâne qui me démange.

Hepte me parle tout doucement. Sa voix monte et descend, elle doit me raconter une histoire. Mais bien sûr, je ne comprends pas. Mes paupières sont lourdes. Sa voix s'écoule comme l'eau du courant, elle avance puis s'arrête, avance puis s'arrête, telles des vaguelettes clapotant contre le rivage.

7

Force

Les arbres, tout en bas dans la gorge, changent lentement de couleur. Les petites feuilles rondes des hêtres se transforment en pièces d'or. Les chênes et les érables deviennent jaunes, puis orange, puis rouges. Les frênes sont aussi violets que des prunes, et les feuilles des noyers noirs ont la même couleur orange brûlé que les tartes au potiron.

Le ciel d'un bleu éclatant ne peut qu'annoncer le mois d'octobre.

C'est magnifique... mais le pasteur Mainwood nous a appris que les terres sauvages appartiennent au Diable. Il nous a dit que Satan se terre dans ces forêts, aussi anciennes que le jardin d'Éden, et qu'il nous y attend pour nous tenter avec des fruits défendus. L'existence d'une cité, d'une ville, d'un village, d'un campement, d'une ferme, d'une concession signifie que Satan en a été chassé.

Et en y réfléchissant bien, c'est jusque dans l'Ouest qu'il a été chassé.

Les Delawares se sentent tout autant chez eux, ici, dans cette gorge, que les oiseaux et les animaux. Je me demande si je finirai un jour par y être à l'aise, moi aussi, quel que soit le temps que durera ma captivité, ou si je continuerai de me méfier de Satan, en épiant du coin de l'œil sa sombre silhouette dans la végétation luxuriante.

Bientôt les branches des arbres s'affaissent, lourdes des milliers d'oiseaux venus se rassembler au fond de la gorge. Netawatwees Sachem m'explique qu'ils se regroupent par espèce avant leur long voyage vers le sud. Leur chant est si fort que je l'entends toujours, même les oreilles bouchées. Bande par bande, ils disparaissent en vagues immenses dans le ciel du Sud, emportant leur musique avec eux.

Alors que la première tempête de l'hiver souffle, le vent et la pluie arrachent les feuilles des arbres. Nous nous retrouvons avec un tapis doré sur le sol de la forêt, un vent glacial, un ciel gris, des branches nues et le spectacle d'une rivière morne et désolée.

Un matin, nous découvrons à notre réveil qu'il a neigé. Les branches ploient de nouveau, mais sous le poids des flocons de la fin de l'automne. Le temps se rafraîchit et les journées raccourcissent. La rivière, gonflée des dernières pluies et de la fonte des premières neiges, gronde à nos oreilles jour et nuit.

Puis, un jour, c'est le silence. La rivière est gelée. Le long hiver a commencé.

Le sol en pierre sur lequel nous nous asseyons, les parois contre lesquelles nous nous adossons sont glacés. L'exposition de la grotte profite aux vents de l'Ouest qui s'y engouffrent et tentent d'éteindre nos feux.

Dans le Connecticut, l'hiver était toujours une invitation à jouer en bande. À patiner sur le détroit de Long Island, à faire des glissades en luge, des promenades avec le traîneau du voisin, à s'amuser à compter les tangaras rouges. Tous les ans, en décembre, nous construisions douze apôtres de neige dans le jardin ; puis nous partions pour de longues balades le long des haies, entre les champs. Au retour, nous faisions éclater des grains de maïs devant un feu joyeux en buvant du cidre chaud. Le vent chargé de neige mugissait dehors et faisait vibrer les vitres mais, confortablement installée dans la maison, je me sentais au chaud et en sécurité.

Ici, dans la grotte, l'hiver représente une épreuve à laquelle il faut survivre. Passer tout simplement la journée est un exploit. Les Delawares restent assis en attendant patiemment le retour du printemps. Nous nous tenons dans l'obscurité, recroquevillés sous des peaux de bête, avec seulement nos pieds et nos mentons réchauffés par le feu. Comme les ours, nous essayons de dormir pour faire passer le temps.

Nous nous nourrissons de *pemmican*, une sorte de pâte grasse faite de morceaux de viande, de baies séchées et de graisse d'animal. Le goût est affreux, et la consistance telle, qu'ensuite ma langue colle à mon palais.

Enfin, nous entamons la farine de maïs que nous avons transportée depuis notre village, au bord de l'Allegheny. Nous sortons la farine de mon sac et la délayons avec l'eau des glaçons fondus. Puis Hepte la fait frire sur des pierres chaudes, frottées de graisse de daim.

Comme les flocons sont plus denses, nous construisons un mur de neige en travers de l'entrée de la grotte, pour nous protéger du vent.

Tous les après-midi, les femmes et les filles sortent chercher du bois. Parfois, Œil Blanc me prête sa hache. J'apprends à couper des arbres morts en rondins.

À mesure que le petit bois se fait plus rare, nous devons nous éloigner davantage pour en trouver.

Il fait froid dans la grotte, mais c'est encore pire dehors. Le vent glacial souffle jour et nuit au fond de la gorge. Nous nous dépêchons, à la nuit tombée, des fagots attachés dans le dos, et des branches mortes dans les bras.

Le soir, nous nous installons tous les deux cents autour des foyers. La buée qui sort de nos bouches se mélange aux volutes de fumée. Le plafond et les parois de la grotte sont maculés de traces noires. Quand quelqu'un raconte une histoire, il ou elle dessine sur les parois en grattant la suie à l'aide d'une brindille. Les dessins m'aident à comprendre les paroles.

Un soir où Netawatwees Sachem et moi sommes les seuls à être éveillés, je lui demande de me raconter l'histoire des animaux aussi grands que les collines. Je dessine un éléphant sur la paroi.

« Tu m'as dit que tu connaissais une histoire, grand-père.

— Ah, oui, l'histoire des *yah-qua-whee*, répond-il en pointant du doigt mon dessin.

— Le *yah*-quoi ? C'est un éléphant. »

Il arrondit les yeux de surprise.

« Il existe un mot pour cet animal ?

— Oui. *Éléphant.* Les éléphants vivent en Afrique.

— Ils sont encore en vie ? s'exclame-t-il. Tu en as déjà vu ?

— Non, mais ils vivent toujours. »

Netawatwees Sachem se penche en avant.

« Leur fourrure est donc aussi épaisse que celle d'un ours, et chaque poil aussi long que le bras d'un enfant ?

— Non, ce n'est pas de la fourrure. Il fait chaud en Afrique. L'Afrique se trouve de l'autre côté de l'océan. Leur peau est toute ridée et grise. »

« Un peu comme la tienne », ai-je envie d'ajouter, mais bien sûr, je m'en abstiens.

« Cela change tout », dit Netawatwees Sachem d'un air songeur.

Il ouvre toujours de grands yeux surpris.

« Cela change tout.

— Raconte-moi l'histoire, grand-père.

— Il y a très longtemps, quand le Créateur, Kishelemukong, se promenait encore dans nos jardins pour y admirer le maïs...

— Kishe-qui ?

— Kishelemukong. Celui qui nous a créés avec ses pensées. »

C'est à mon tour d'être surprise.

« Tu veux parler de Dieu ?

— Comme je le disais, quand Kishelemukong se promenait dans nos jardins, les *yah-qua-whee* s'y trouvaient. Les quatre éléments – la terre, les plantes, les animaux et le Peuple – vivaient dans un équilibre parfait les uns avec les autres depuis l'aube des temps.

« Mais les *yah-qua-whee* ne s'entendaient pas avec le Peuple. Ils étaient immenses et se déplaçaient en vastes troupeaux, ainsi que le font les oiseaux. On les entendait de loin, comme le tonnerre qui gronde. Ils piétinaient nos champs et écrasaient notre maïs. Ils rugissaient en traversant nos villages, tuaient les habitants et détruisaient nos maisons.

« La vie était alors plus dure que maintenant, car il faisait beaucoup plus froid. De nos villages, nous voyions des champs de glace aussi vastes que la mer Salée du Soleil, et aussi hauts que des montagnes. C'était toujours l'hiver. C'est pourquoi les *yah-qua-whee* avaient besoin de leur épaisse fourrure.

« Les *yah-qua-whee* ne s'entendaient pas non plus avec leurs voisins animaux. Ils défonçaient les terriers au fond desquels dormaient de petites bêtes et arrachaient les arbres où les oiseaux avaient fait leurs nids.

« Pour la plus grande joie des animaux aussi, le Peuple décida de tuer tous les *yah-qua-whee*. Il creusa dans la terre de profonds trous qu'il recouvrit de branches tressées, sur lesquelles étaient éparpillées des feuilles. Muni de brandons, il poussa les *yah-qua-whee* dans les pièges. Ceux-ci s'écrasèrent les uns contre les autres en hurlant, et leur sang et leur chair se transformèrent en terre à mesure que le trou se remplissait.

« Quand il n'en resta plus un seul, le Peuple se rappela à quel point il avait besoin d'eux. Avec un seul de ces animaux aussi grands que les collines, on nourrissait un village entier pendant l'hiver. Avec sa peau si solide, on fabriquait des tentes ; avec sa douce fourrure, des couvertures. Avec ses défenses, des bijoux ; avec ses os, des outils pour creuser la terre et ensemencer nos jardins.

« Le Peuple était triste. Il avait vaincu un ennemi, mais il avait besoin de lui. Kishelemukong était triste aussi, parce que le Peuple avait pris une décision qui n'appartenait qu'à Lui seul. Aussi cessa-t-Il de se promener dans nos jardins à partir de ce jour-là. Personne ne L'a vu ni entendu depuis.

« Les animaux aussi étaient tristes. Qui déplacerait les souches sous lesquelles les oiseaux et les ours trouvaient des insectes à manger ? Qui, à part les *yah-qua-whee*, serait suffisamment fort et puissant pour ouvrir les pistes que les animaux empruntaient quand ils traversaient la forêt ? Qui d'autre, en retournant la terre avec ses défenses à la recherche de racines, rendrait le sol suffisamment meuble pour y planter nos semences ?

« Cet été-là, en signe de pardon, Kishelemukong fit pousser les canneberges dans les pièges des *yah-qua-whee*. Il leur donna la couleur du sang pour que l'on n'oublie pas leur massacre. Et comme les *yah-qua-whee*, les canneberges sont utiles pour plusieurs choses : elles nous soignent, nous nourrissent, et nous servent à teindre nos vêtements.

« Les canneberges nous rappellent que la victoire totale n'existe pas, et que nous ne sommes pas Kishelemukong. Les *yah-qua-whee*, comme tout être vivant, méritaient de vivre.

— Mais les éléphants, grand-père ?

— Oui. »

Il se penche en avant.

« Il y a des hommes en Afrique ? Des animaux ?

— Beaucoup d'hommes et d'animaux.

— Mais ils n'ont pas tué les *yah-qua-whee*. Dis-moi, trouve-t-on des canneberges en Afrique ? »

Il retient sa respiration en attendant ma réponse.

« Je ne pense pas. »

Netawatwees Sachem frappe dans ses mains en éclatant de rire comme un enfant.

« Alors ils sont vivants ! Les *yah-qua-whee* sont vivants !

— Où as-tu appris à parler si bien anglais, grand-père ? »

Il agite l'index avec impatience.

« C'est une autre histoire. Va te coucher, m'ordonne-t-il. Je dois réfléchir à ces *yah-qua-whee* d'Afrique. Ils vivent, murmure-t-il. Cela change tout. »

Il y a cinq garçons de huit ans parmi nous. Tous les matins, ils descendent nus jusqu'à la rivière. Je vois leurs longs cheveux noirs se soulever et voler dans le vent. Leurs pères les accompagnent. Nous autres, sur le rebord de la falaise, les encourageons de nos cris.

Les pères creusent des trous dans la glace pour que leurs fils puissent y plonger. Ils restent dans l'eau quelques secondes avant d'en sortir à plat ventre. Lorsque, à l'approche de la grotte, nous comptons cinq garçons et leurs pères, nous agitons les mains et les acclamons.

Je remarque que les mères sont inquiètes jusqu'à ce que leurs fils reviennent sains et saufs.

Ils ont les lèvres toutes bleues tellement le froid est intense et ils claquent des dents comme des écureuils qui se seraient fait attraper. Leurs cheveux gèlent sur le chemin du retour et sont aussi raides que l'écorce d'un arbre. Ils se recroquevillent autour des foyers de leur famille, grelottant et ne parlant à personne, tandis que leurs mères les forcent à boire du thé brûlant et les enveloppent dans des couvertures.

L'après-midi, ils sont enfin réchauffés.

Le lendemain matin, ils replongent dans l'eau gelée de la Cuyahoga et ont de nouveau froid.

Un jour où il tombe de la neige fondue et qu'un vent glacial venant du Nord souffle si fort que mon nez me fait mal, je demande à Hepte pourquoi ils font ça :

« *Keko windji ?* Pourquoi ?

— *Chitanisinen*, me répond-elle.

— Pour devenir forts », traduit grand-père.

Le vent mugit comme une meute de loups pourchassant les voix des garçons. Leurs cris pitoyables s'élèvent.

« *Ku, ku*, hurlent-ils.

— *Keko windji ?* » je demande, plus fort.

Hepte paraît surprise.

« *Chitanisinen*. »

J'assiste à la transformation des garçons, là, sous mes yeux. Le premier matin, ils ressemblaient à tous les garçons de huit ans qui font des batailles de boules de neige en descendant à la rivière. À leur retour, ils pleuraient en appelant leurs mères. Le deuxième matin, leurs pères tenaient des badines à la main avec lesquelles ils les fouettaient aux jambes pour les obliger à descendre le long du sentier.

Il s'est écoulé au moins quatre ou cinq semaines, je crois, depuis leur premier plongeon. À présent, les pères n'ont plus besoin de badine. Quand les garçons remontent, ils serrent les mâchoires pour ne pas claquer des dents et acceptent une couverture sur leurs épaules par politesse uniquement. Deux d'entre eux ne s'assoient même plus autour du feu. Ils restent dehors et fixent la rivière, l'extrémité de leurs cheveux noir bleuté alourdie par la glace d'une blancheur de lait.

Leur regard est dur, fixe et si glacial qu'on ne peut deviner à quoi ils pensent.

Je demande à grand-père :

« Pendant combien de temps doivent-ils plonger ?

— Pendant les quatre lunes d'hiver : la Lune des Feuilles qui Tombent, la Lune Gelée, la Lune des Grands Froids et la Lune de la Neige Épaisse. Ils en sont à la moitié. »

Nous ne devons plus être très loin de Noël, à mon avis.

Un jour, Mrs. Stewart glisse une petite poupée en peau de daim dans ma main.

« J'ai perdu la notion du temps, mais joyeux Noël tout de même, Mary, me murmure-t-elle à l'oreille.

— Oh, Mrs. Stewart ! Et moi qui n'ai rien pour vous.

— Ton visage souriant suffit à me combler, Mary. »

La poupée porte une longue robe, un tablier et un petit bonnet de coton sur la tête. Je reconnais le tissu : il provient de ma robe d'anniversaire.

« Ma robe d'anniversaire ! Mais comment ? Où ?

— Tu l'as abandonnée sur la piste quand nous avons quitté fort Pitt. Tu ne te souviens pas ? Tu as marché dessus quand elle s'est déchirée. J'ai su alors que tu avais perdu tout espoir. »

Elle ferme ma main autour du petit jouet.

« Cette poupée te représente. N'oublie jamais qui tu es, Mary. Toute ma vie, j'ai entendu des histoires sur des captifs. Les adultes ne changent pas, mais les enfants, oui. Ils oublient qui ils sont, ils oublient ce qui est important. Cette petite poupée, répète-t-elle lentement, c'est toi. »

Je n'arrive pas à dormir. Je pense aux garçons qui plongent dans l'eau gelée, tous les matins. D'une certaine façon, ils me font penser à Dougal. Plongerait-il dans une rivière gelée tous les matins ? Son regard serait-il aussi dur, aussi tourné vers l'intérieur que celui de ces garçons, maintenant ?

Oui, Dougal ferait aisément la même chose, pour prouver au monde entier son courage et sa force.

Et moi ? N'ai-je pas besoin de force ?

J'ai posé la poupée à côté de moi. Avec sa robe bleu pâle qui se reflète à la lueur du feu, elle brille comme un petit fantôme. C'est vrai qu'avec elle je me sens plus forte, mais la force qu'elle m'apporte n'a rien à voir avec celle que ces garçons puisent dans l'eau gelée.

Eux apprennent à devenir de braves Delawares ; leur nouvelle force est tournée vers l'avenir tandis que la mienne me rappelle le passé.

J'examine ma poupée, la nuit, et le souvenir de journées entières passées dans le Connecticut ou en Pennsylvanie me revient en mémoire. Je me souviens de nos conversations au petit déjeuner, au déjeuner et au dîner. Je me souviens de ce que nous mangions, aussi : des flocons d'avoine avec de la crème épaisse, le matin ; du jambon, du pain de maïs, de la soupe de pois cassés et de la compote de pommes, à midi ; de la dinde aux canneberges, des patates douces et de la tourte aux fruits, le soir. Nous avions du pain, du beurre et du miel à chaque repas. Et nous buvions des litres de lait froid ou de cidre pour faire passer le tout.

La seule pensée de ma mère cuisinant me fait venir l'eau à la bouche et gargouiller le ventre.

Je me souviens que nous pouffions de rire pour n'importe quoi, Constance Farnsworth et moi, comme la fois où son grand frère s'était assis sur une tourte à la groseille, ou quand mon grand-père avait éternué si fort que la flamme de la bougie s'était éteinte.

Nous passions de longs après-midi assises sur un banc près de la fenêtre à regarder le livre d'images de Constance sur le royaume animal. Nous parlions des lions, des tigres, des singes et des éléphants. Tout en admirant les dessins, nous jouions aux grandes dames. Nous buvions de la citronnade dans de délicates tasses à thé que nous tenions dans nos mains gantées, et nous grignotions des biscuits au gingembre, le petit doigt en l'air.

« N'oublie jamais qui tu es, Mary. »

Mais dès que je commence à me le rappeler, je me mets à pleurer sans pouvoir m'arrêter. Je serre la poupée contre moi.

« J'ai besoin de force, j'ai besoin de plus de force que tu ne peux m'en donner. » Je mords sa robe pour que personne ne m'entende sangloter.

Comme j'ai dormi tout l'après-midi, je n'ai pas sommeil ce soir. Les feux ne sifflent ni ne crépitent plus, et les braises rougeoient en silence. Je me vois rentrer à la maison comme si de rien n'était, au printemps prochain. Les cornouillers sont blancs, et pourtant, vus de loin, ils semblent d'un rose délicat. Dans le pré, l'herbe tendre sent bon. Le bétail écrase de nouveau les fraises sauvages. Les agneaux et les veaux qui viennent de naître se pressent contre leurs mères.

Dougal est toujours assis sur son stupide rocher au milieu du pré, et soupire en regardant sa carte.

« Bonjour, Dougal ! »

En me voyant habillée comme je le suis maintenant, il fait un bond et me prend pour une Indienne. La carte atterrit dans la boue.

« Mary ? dit-il, les yeux aussi ronds que des roues de charrette. Ma... Mary ! C'est Mary ! Elle est rentrée ! »

Sous la véranda, ma mère, tout de noir vêtue, bat de la crème dans la baratte d'un air morne. Elle saute à bas des marches et s'élance à ma rencontre, sa robe volant au vent.

« Mary ! crie-t-elle. Mary est de retour ! »

Mon père accourt des champs en tenant son chapeau à plat sur sa tête pour qu'il ne s'envole pas. Même Lady Grey ronronne contre mes chevilles. Ma mère me serre dans ses bras.

« Je vais bien. Je me suis sauvée. Je vais bien.

— Oh, Mary ! Et c'est ton anniversaire, en plus. Je vais faire un gâteau ! »

Alors que nous nous dirigeons tous ensemble vers la maison, je m'arrête brusquement : avant de continuer, je veux d'abord parler à chacun d'eux.

« Papa, si tu ne nous avais pas obligés à venir ici, tout cela ne serait pas arrivé. J'ai connu la faim, le froid, la peur, et j'ai été si fatiguée qu'il m'est arrivé de m'endormir avec de la nourriture à moitié mâchée dans la bouche. Tu es si égoïste. Tu ne penses qu'à toi. »

Il baisse la tête.

« Pardon, Mary. Nous repartirons pour le Connecticut dès demain. Tes désirs seront des ordres. »

Je me tourne vers Dougal.

« Et toi, tu étais censé me protéger. Si tu n'avais pas été aussi paresseux, je n'aurais peut-être jamais été enlevée. »

Mon frère baisse la tête à son tour.

« Pardon, Mary. Je me lèverai à l'aube, désormais. Je ne serai plus jamais paresseux. »

Enfin, je me tourne vers ma mère.

« Quant à toi, tu étais toujours en colère contre moi. Rien de ce que je faisais ne trouvait grâce à tes yeux. Pourquoi me rendais-tu la vie si dure ? »

Elle baisse la tête, elle aussi, et parle si doucement que je dois me pencher en avant pour l'entendre :

« Parce que la vie d'une femme est dure, Mary, bien plus dure que celle d'un homme. Cela me brise le cœur d'être celle qui doit te préparer à l'avenir, car tout ce que je veux, c'est ton bonheur. »

Je me redresse, droite comme un piquet, m'attendant presque à voir ma mère s'agenouiller entre les corps sombres et endormis des Delawares. Le sommeil ne vient que longtemps après.

Un matin, en nous réveillant, nous découvrons que la température a affreusement baissé. Jamais le froid n'a été aussi glacial et mordant.

Hepte nous enduit le visage et les mains de graisse pour empêcher que notre peau ne se craquelle. Le vent hurle au fond de la gorge et fait trembler les arbres. Même respirer est douloureux. La vessie pleine, je me tortille devant les flammes vacillantes en claquant des dents.

Les garçons s'efforcent de paraître courageux et imperturbables, mais je vois bien à leur regard qu'ils ont peur. Munis de haches et de couvertures, leurs pères les accompagnent à la rivière. Nous entendons la glace se briser à mesure que les hommes y creusent des trous, puis nous percevons les cris des garçons qui se hissent hors de l'eau gelée. Quand ils remontent à la grotte, une couverture sur les épaules, leurs jambes sont engourdies tellement ils ont froid.

L'extrémité de leurs doigts est toute bleue, et leurs talons fendillés sont en sang à cause des pierres pointues qui jonchent le sentier. Tout le monde s'empresse autour d'eux pour leur frotter les pieds, leur faire avaler de la farine de maïs brûlante, boire du thé chaud.

« Maintenant, me dis-je en moi-même, je dois être plus forte. »

Je ramasse la hache qu'Œil Blanc me laisse utiliser pour le petit bois.

« Je vais chercher du bois, dis-je dans leur langue. Les garçons ont besoin d'un bon feu. »

Hepte tente de me retenir.

« *Tonn* », prononce-t-elle doucement.

Je descends rapidement le sentier et laisse mes vêtements sur la berge. Je m'avance jusqu'au milieu de la rivière. Mon cœur bat à tout rompre tandis que je commence à creuser un trou dans la glace épaisse. Cela prend plus de temps que je ne le pensais. Je jette la hache à côté de mes habits.

Maintenant ! Je grelotte avant même de plonger.

Le froid me saisit si brusquement que mes poumons se vident. Je me roule en boule, et c'est là mon erreur, car le courant impétueux m'emporte loin du trou.

Je ne peux plus respirer ! Je suis prisonnière sous la glace ! Je martèle de mes poings la couche gelée. Elle refuse de se casser.

Lorsque j'ouvre les yeux dans l'eau froide et sombre, j'aperçois un trou, celui d'où les garçons ont plongé. Mes mains percent la fine membrane de glace qui s'est déjà reformée à la surface, mais le courant m'entraîne une fois de plus, et le trou m'échappe.

Je regarde de nouveau devant moi. Il y a quatre autres trous, chacun prolongé par une colonne d'eau faiblement éclairée. À l'intérieur de l'une d'elles, je vois deux bras et un visage furieux, à l'envers.

Un visage ?

Œil Blanc m'attrape par les cheveux au moment où le courant me pousse vivement dans sa direction. J'essaie de m'agripper à ses bras mais mes doigts ne m'obéissent plus.

Œil Blanc me tire hors de l'eau par les cheveux et me jette sur la neige. Je m'effondre comme un sac de pommes de terre. Je suis transie de froid.

« Lève-toi ! hurle-t-il en anglais. Lève-toi ! »

Il tient une badine à la main. Je le regarde me fouetter les mollets. Je ne sens rien.

Je cherche à me redresser mais mes jambes ne me soutiennent plus. Œil Blanc me met debout et je regagne la berge tant bien que mal.

Lorsque j'arrive enfin, il est déjà là, la hache et mes vêtements à la main.

« Cours ! me crie-t-il. Cours ! »

Hors d'haleine, je remonte le sentier tant bien que

mal. Œil Blanc marche derrière moi. J'entends la badine siffler contre mes jambes, mais il pourrait tout aussi bien taper sur les poteaux d'une barrière, je ne le sentirais pas davantage.

Mes cheveux se sont transformés en baguettes de glace. À chacun de mes pas, mes pieds engourdis et ensanglantés laissent entendre un « flic-flac » comme des poissons sur des rochers verglacés. Je claque des dents, puis ma mâchoire se ferme. Le givre a durci mes cils et m'irrite le coin des yeux. Lorsque nous atteignons la grotte, mes doigts sont d'un blanc bleuté.

Hepte m'attend. Elle m'enveloppe dans une couverture et me serre contre elle devant le feu. Petite Mésange me frotte les pieds.

Œil Blanc crie après moi, mais je ne comprends rien de ce qu'il dit. Mrs. Stewart crie aussi, mais je ne comprends pas davantage. Grand-père la pousse et se met à crier à son tour. Je les regarde tous les trois fixement, l'esprit aussi figé que le corps. Leurs voix me parviennent, étouffées et vagues, comme s'ils étaient très loin. Mes paupières sont lourdes. Je pourrais dormir des jours et des jours.

« Non ! » hurle grand-père.

Il me secoue par les épaules.

« Mary ! Mary Caroline Campbell ! Ne t'endors pas ! » s'écrie-t-il en me pinçant les joues.

Il m'oblige à me relever et à marcher. Nous allons et venons entre les différents foyers. Nous marchons longtemps.

L'arrière de mes jambes commence à me picoter. Puis je ressens des élancements dans les doigts, les oreilles et le nez. Mes pensées me reviennent lentement, comme des braises mourantes qui reprennent vie à force d'avoir été attisées.

Je m'effondre dans les bras de Hepte.

« Je dois être plus forte, lui dis-je d'une voix haletante. Je ne suis pas assez forte.

— Chut ! Je vais te confier un secret », murmure-t-elle.

Elle me berce sur ses genoux.

« Préviens-moi quand tu seras prête à l'entendre. »

Petite Mésange enfonce ma poupée dans ma main droite. Mes doigts se referment autour d'elle, aussi lentement et avec autant de difficulté que ceux d'une vieille femme.

Hepte attend tandis que mon corps est secoué de frissons. Enfin, je lui fais signe d'un mouvement de la tête.

« Le secret », dis-je d'une voix tremblante.

Je me rends compte que j'ai parlé dans sa langue et que je comprends ses paroles. Pourtant, Hepte ne connaît pas un mot d'anglais. Elle chuchote tout contre moi :

« Je t'ai vue casser la glace pour y faire un trou. Aussi ai-je envoyé ton père te chercher. Voici le secret : tu es bien plus forte que n'importe lequel de ces garçons. Et tu n'as pas besoin de plonger dans une rivière gelée pour le prouver. »

8

Forte, à nouveau

Cet hiver finira-t-il jamais ?

La température se réchauffe dans la journée, mais juste au moment où je me dis que le printemps ne tardera plus, la neige s'engouffre de nouveau dans la gorge, et me rappelle que l'hiver est loin d'être terminé.

Puis le temps devient mêlé : neige, soleil, neige fondue, pluie mélangée à de la neige, soleil et neige fondue à nouveau, neige encore...

Nous devons aller de plus en plus loin pour trouver du bois. Mrs. Stewart s'acquitte toujours seule de cette corvée. Lorsqu'elle rentre, au crépuscule, ses yeux sont rouges à force d'avoir pleuré.

À présent que l'hiver touche presque à sa fin, j'ai l'intention de préparer notre évasion. Nous pourrions être de retour pour mon anniversaire.

Mais Petite Mésange m'accompagne tous les après-midi. Le bois qu'elle ramasse est trop lourd pour elle, et je finis par le porter, ou bien il est si gorgé d'eau qu'on ne peut rien en tirer.

Aujourd'hui, cependant, elle reste faire la sieste dans la grotte. Je suis Mrs. Stewart au-delà de la cascade, puis, après le coude que fait la rivière, jusqu'à l'endroit où les castors ont construit un barrage, transformant la Cuyahoga en un profond bassin.

« Mrs. Stewart ! »

Elle sursaute en m'entendant.

« Tu m'as fait peur, Mary. »

Je tire sur le lobe de mon oreille avec ma main droite et j'attends. Elle fronce les sourcils. Je tire de nouveau sur le lobe de mon oreille.

« Tu as mal à l'oreille ? me demande-t-elle.

— C'est le signal pour nous évader. Vous ne vous souvenez pas ?

— Chut ! »

Mrs. Stewart m'attire à elle.

« Je t'ai dit de ne pas prononcer ce mot, Mary. »

Elle regarde autour de nous d'un air inquiet.

« Personne ne nous entend.

— Nous ne pouvons pas partir. Comment traverser les Appalaches avec des murs de neige aussi hauts qu'une maison ? »

Mes yeux se remplissent de larmes.

« Mais c'est bientôt le printemps.

— Pas dans les montagnes.

— Vous m'avez dit que nous nous évaderions. Vous avez promis.

— Je t'ai promis d'y réfléchir. Mais c'est beaucoup trop dangereux, Mary. Il va falloir attendre qu'on nous délivre.

— Êtes-vous en train de m'avouer que vous ne voulez même pas essayer ? »

Je me mets à crier :

« Pendant tout l'hiver, je n'ai pas cessé de me répéter que je serais à la maison pour mon anniversaire. Comment pouvez-vous me trahir à ce point ?

— Je ne t'ai pas trahie. Maintenant, ça suffit. »

Je rétorque, amèrement :

« C'est ce que dit ma mère quand elle est à court d'arguments. »

Mais Mrs. Stewart est déjà repartie. Elle ne m'écoute plus.

« Ça vous plaît de mourir ici ? Vous voulez moisir ici et y mourir ? Vous n'allez même pas essayer ? »

Elle remonte d'un coup d'épaule le fagot qu'elle porte dans le dos et continue d'avancer.

À la nuit tombée, chargée de petit bois et de branches mortes, je traverse la gorge en sens inverse ; l'endroit est pris dans la glace et bordé d'arbres lugubres. « Voilà à quoi cela ressemble quand on a perdu tout espoir, me dis-je en moi-même. Je pourrais tout aussi bien être l'un de ces arbres nus, tendus vers un ciel sombre et gris, et attendant un printemps qui ne viendra pas. »

Mais le printemps finit toujours par revenir, même après l'hiver le plus âpre et le plus long. Je ne peux pas renoncer à l'espoir.

« Crois en la promesse de l'oiseau bleu, Mary, me dis-je à voix haute. Crois en toi. Je reverrai ma famille un jour. »

Un fin ruban d'espoir brille en moi, aussi éclatant que la Cuyahoga qui reflète la lumière du soleil couchant et scintille comme du métal fondu.

Le lendemain matin, Œil Blanc revient à la grotte avec une biche qu'il a tuée. Pendant que je ramasse du petit bois, Hepte prépare un savoureux ragoût de venaison, de courges séchées et de champignons écrasés.

Après avoir prélevé notre part de viande pour la fumer, elle divise le reste entre les familles, de sorte que chacune puisse faire cuire une marmite de gibier et de légumes. Bientôt, un délicat fumet monte dans la grotte.

Ce n'est pas la première fois que cela arrive. D'autres chasseurs sont déjà revenus avec de grosses prises. Les épouses cuisent la quantité nécessaire pour les leurs, puis partagent ce qu'elles ont en excédent.

Le lendemain, grand-père m'explique que Hepte a besoin de moi pour tanner les peaux.

« Tu n'iras pas chercher du bois, aujourd'hui. Et bientôt, tu auras une nouvelle paire de jambières. Tu grandis tellement vite. Hepte a remarqué que les tiennes étaient devenues trop petites.

— *Heh-heh* », dis-je à Hepte, qui me sourit.

Après s'être adonnés avec ostentation à la prière et avoir recouvert leurs visages de peinture, les hommes et les garçons partent chasser. Je ne peux pas m'empêcher de penser parfois que la chasse est juste un prétexte pour sortir. La plupart du temps, ils reviennent bredouilles, et ne paraissent ni tristes ni déçus pour autant.

Je me tiens au bord du sentier et je les regarde avec envie marcher d'un pas énergique et respirer l'air vif et piquant. Les rayons du soleil qui percent les nuages comme un rideau de lumière emplissent la gorge d'un éclat nacré. « C'est comme à la maison, me dis-je avec un soupir. Les hommes et les garçons s'en vont, et les femmes et les filles restent pour travailler. »

« *Tonn !* »

Hepte me fait signe de venir m'asseoir à côté d'elle.

La peau qu'elle étend sur le sol de la grotte est déjà toute raide. L'intérieur a été gratté mais il reste des traces de sang en forme de toiles d'araignée à l'endroit des muscles.

Hepte attrape un récipient fermé et le place entre nous. Lorsqu'elle en ôte le couvercle, j'ai l'impression de recevoir un coup dans l'estomac.

Il est rempli d'une matière grumeleuse et grise, sillonnée de vaisseaux sanguins ; on dirait de la dentelle noire. C'est la cervelle de la biche.

Je reste pétrifiée. Pour une fois, même Petite Mésange ne dit rien et ouvre de grands yeux.

Hepte baisse ses jambières et s'assoit à califourchon sur le récipient.

Après un hiver passé dans une grotte avec deux cents Delawares, j'estime avoir senti, aperçu et entendu tout ce dont un être humain est capable.

Mais je n'ai jamais vu quiconque se vider la vessie. Nous allons toujours dehors.

Hepte se relève et remonte ses jambières.

« *Tonn*, dit-elle en m'indiquant le récipient.

— *Keko windji ?* »

À quoi pense-t-elle ?

Elle dit quelque chose et Petite Mésange baisse à son tour ses jambières et s'assied sur le récipient. Elle me sourit en remarquant que des petites gouttes coulent sur les côtés. Puis elle se redresse, me montre le récipient du doigt et me parle à toute vitesse.

Des morceaux de cervelle gris flottent à la surface de l'urine. On dirait du lait caillé qui s'est transformé en fromage blanc depuis longtemps. Hepte et sa fille guettent ma réaction.

« *Ku*, dis-je en secouant la tête. *Ku*, Hepte. »

Elle hausse les épaules, puis se met au travail : elle plonge les mains dans cette espèce de mixture fumante et la malaxe jusqu'à obtenir une pâte qu'elle étale sur la face intérieure de la peau de daim. Petite Mésange l'y aide ; des boules de cervelle apparaissent entre ses doigts potelés.

Incapable de regarder plus longtemps, je baisse les yeux sur ma tunique ; il me vient alors à l'esprit que mes vêtements en cuir, que je trouvais aussi doux que du beurre, et mes mocassins à perles ont été tannés par Hepte, et vraisemblablement de la même manière. Et c'est ce récipient que nous utilisons pour les repas. Ce même récipient dans lequel nous avons mangé. Comment peut-elle… ?

« *Tonn*, répète Hepte, avec colère. *Tonn*. Mary. »

Au moment où je me retourne, elle déroule une autre peau, plus petite, puis pousse le récipient dans ma direction en me montrant la peau. Il reste de la cervelle mélangée à l'urine au fond.

Je me penche au-dessus de la peau. Il doit s'agir de celle d'un lapin. Mais pourquoi quatre longues bandes dépassent-elles à l'emplacement des pattes ?

Je lui demande en *unami* ce que c'est.

Hepte me répond. Je secoue la tête.

« Je ne comprends pas. »

Elle m'indique la peau de daim d'une main et, de l'autre, dessine un arrondi au-dessus de son ventre.

Je lui demande en anglais, d'une voix entrecoupée :

« La biche avait un petit ? C'était... son faon ? »

Je me relève d'un bond et cours jusqu'à la rivière.

« Non ! Non ! »

Si je pouvais taper du pied tout en dévalant le sentier, je le ferais.

Je me penche au-dessus de l'eau. J'ai peur d'être malade, mais l'air frais et l'eau pure de la rivière que j'avale à grandes gorgées me nettoient la tête et me soulagent.

Hepte veut que je trempe mes *mains* dans cette mixture dégoûtante ? Elles sont peut-être toutes gonflées et rouges, avec les paumes fendillées et en sang à cause du vent glacial et de l'eau gelée. Elles n'ont peut-être pas été lavées au savon depuis presque un an. Mais ce sont toujours mes mains, celles qui jouaient du Haendel au piano, qui tenaient des soucoupes et des tasses délicates quand nous prenions le thé, l'après-midi.

Je repense à la soupe que nous avons mangée hier soir. Jamais je n'avais goûté une viande aussi tendre.

« C'était le bébé, le faon qui n'était pas encore né ! »

Maintenant, j'ai la nausée. Mon estomac se soulève et, à quatre pattes, je rends mon petit déjeuner, comme si, en vomissant suffisamment longtemps et suffisamment fort, je pouvais me débarrasser de tout ce qui m'est arrivé.

Couchée en boule contre un arbre, je sanglote à n'en plus finir, je gémis aux quatre vents :

« Pourquoi ? Pourquoi a-t-il fallu que cela m'arrive à moi ?

« Sauve-toi, Mary. Cours. Tu le peux. Cesse d'attendre qu'un trappeur ou que les hommes du roi viennent te chercher. Il peut s'écouler des années avant que quiconque passe par ici. Si jamais quelqu'un passe par ici. Mrs. Stewart n'a pas le courage de fuir. Elle va pourrir ici, dans la misère et le désespoir, pour le restant de ses jours. »

Je longe la rivière en courant, en direction du sud.

Je crie tout en trébuchant contre les pierres et les racines des arbres :

« Sud sud-est, puis à travers les montagnes. Je l'ai fait une fois, je peux le refaire. Je serai de retour avant mai. Je me nourrirai de jeunes pousses, de baies, de glands. Je trouverai... des fraises sauvages dans les prés. Les Indiens fouillent la terre depuis des générations. Je trouverai de quoi manger. »

En ce moment, Constance porte une jolie robe, elle est assise dans une salle de classe où il fait bon et où tout est en ordre, et elle apprend à lire. Pourquoi devrais-je vivre comme une bête ? Pourquoi ne devrais-je plus jamais revoir Constance ou ma famille, manger à une table, dormir dans un lit ? Ce n'est pas de ma faute si la fille de Hepte est morte. Pourquoi faut-il que je me sacrifie ?

J'éclate de rire.

« Je ne vais pas vers l'ouest, je vais à l'est ! »

Les Campbell... Je serai de nouveau dans ma famille pour mon anniversaire !

Et si les trappeurs ne chassent jamais dans ces terres ? Et si les hommes du roi décident que la Cuyahoga est trop loin et ne viennent pas me délivrer ? Que se passera-t-il ? Je finirai ma vie ici, voilà ce qui se passera.

« Cours ! Ne t'arrête pas ! Tu en as la force. *La chita... nee...* quelque chose. »

Je me prends le pied dans une racine et m'étale dans l'eau bourbeuse qui recouvre le sol depuis la fin de l'hiver. Je me relève et regarde derrière moi : la trace de mes pas dans la neige fondue et la boue me sautent aux yeux. Me pister sera aussi facile que suivre un *yah-qua-whee*.

« Mary Caroline Campbell, mais qu'est-ce que tu fabriques ? »

La Susquehanna doit couler à trois cents miles d'ici au moins. Trois cents miles de forêts habitées par des loups affamés, des ours et des pumas. Les monts Allegheny doivent être encore enneigés, et les cols glacials, la nuit. Pour autant que je sache, nous sommes toujours en guerre contre les Français. Ce qui signifie qu'ils m'emmèneraient dans la ville de Québec comme prisonnière de guerre s'ils me trouvaient.

« Et que te feront les Delawares s'ils te rattrapent ? Tu n'as pas de couteau, Mary. Même si tu savais charger un mousquet et tirer, cela ne te servirait à rien puisque tu n'en as pas. Tu n'as pas non plus de silex pour allumer un feu. Tes habits sont trop petits. Tu n'as même pas de couverture pour te protéger du froid. »

Je m'interroge avec amertume :

« Et pourquoi, finalement, est-ce que je tiens tant à rentrer chez moi ? Pour un frère qui pense que le mot *fille* est la pire des insultes ? Pour une mère qui traite son fils en prince et sa fille en esclave ? Pour un père qui m'a arrachée à ma maison et à ma meilleure amie sans même un regard en arrière ?

« Mais ne dois-je pas tenter de m'échapper pour mes parents ? Pour mon roi, au moins ? »

Grand-père dit que Cuyahoga signifie « rivière tortueuse » en *cayuga,* l'une des langues des Iroquois. Le sentier, qui longe le cours d'eau, n'a cessé de zigzaguer. Je ne vois plus notre grotte. Même notre falaise a disparu derrière le coude que fait la rivière.

Il n'y a peut-être personne d'autre que moi sur terre.

Je frissonne dans le vent glacial qui souffle sur mon visage et mes jambes. J'ai l'impression qu'il traverse mon estomac vide. Comme j'aimerais être assise devant notre feu, au chaud et en sécurité !

« Et toi, Mary ? Que te dois-tu, à toi ? Je me dois de vivre et d'essayer d'être heureuse. Rentre avant qu'ils se rendent compte que tu as cherché à t'échapper. Fais ce que tu as à faire pour survivre. Ton roi, ton pays, tes parents, tes amis ne signifieront plus rien si tu es morte. »

Quand je reviens dans la grotte, Hepte et Petite Mésange étalent les peaux de daim et les suspendent au-dessus du feu. Voyant mes yeux gonflés et rouges, Hepte me regarde d'un air interrogateur. Je les appelle doucement :

« Hepte, *kamis* Petite Mésange. »

Je leur demande pardon. Hepte me serre dans ses bras.

« *Ku, ku*, dit-elle. *Tonn.* »

Elle me prend le visage entre ses mains. Elles sont mouillées, mais je ne cherche pas à savoir pourquoi.

« Tout est si différent, dis-je en unami. Tout est si différent avec vous. C'est... c'est trop dur. »

Une lueur de compréhension illumine son regard.

« Ne me dénonce pas, s'il te plaît. Ne dis pas à ton père que j'ai essayé de fuir.

— *Heh-heh. Chitanisinen, tonn* », dit-elle lentement.

J'acquiesce d'un hochement de tête. J'ai reconnu le mot « force ».

« *Chitanisinen lappi, tonn* », dit-elle encore.

(« Être forte, à nouveau, ma fille. »)

Je lui réponds :

« *Heh-heh. Chitanisinen lappi.*

— C'est notre secret. Il faut être fort pour partir, mais beaucoup plus fort pour revenir », articule Hepte lentement.

9

Sequin

Autour d'un des foyers, quelqu'un raconte une histoire sur le Peuple et l'hiver qui serait un ours géant en train d'hiberner.

« Nous nous trouvons dans sa gueule. Le vent est son ronflement, qui siffle et hurle entre ses énormes dents. »

Tout le monde sourit en hochant la tête et pointe du doigt les stalactites qui pendent, tels des crocs, du plafond de la grotte. Le mur en neige figure la lèvre inférieure de l'ours.

Les crocs de glace s'allongent de plus en plus. Avec la chaleur qui revient, elle fond au soleil. Mais les nuits restent froides, et les gouttes d'eau gèlent dès la tombée du jour. L'une des stalactites a atteint le sol de la grotte. Elle s'est transformée en une colonne massive.

Sur la rivière, la glace se fendille et se casse avec un bruit sec qui retentit comme le grondement des canons. Chaque fois, je pense que c'est l'armée anglaise venue enfin me délivrer.

Notre mur de neige commence à fondre. De l'eau s'écoule vers l'intérieur et, à certains endroits de la grotte où le sol est inégal, on a de l'eau gelée jusqu'aux chevilles. Un matin, nous poussons le mur de neige sur le côté. Nous clignons tous des yeux face à la lumière éclatante du soleil.

Je distingue de nouveau la rivière depuis la grotte. Le courant impétueux, qui charrie des glaçons, chante un délicat menuet.

Grand-père dit que la Cuyahoga se jette dans un grand lac, si vaste qu'on n'en voit pas le bout. Il dit aussi qu'il existe des lacs encore plus grands au nord, avec des vagues aussi hautes que celles de l'océan.

Je ne savais pas que nous étions si près des lacs français. Nous sommes en guerre contre la France.

Mon cœur se met à battre plus vite. J'ai la bouche sèche.

Il dit que les Français appellent ce lac « le lac du Chat », en souvenir des Ériés, le peuple du Puma.

« Les Français ont été les premiers à faire du commerce avec eux, mais les Ériés ont disparu, m'explique-t-il. Aussi ont-ils donné ce nom au lac pour ne pas les oublier. »

Je fronce les sourcils en regardant la rivière.

« La Cuyahoga a quelque chose de bizarre », lui dis-je.

Grand-père hoche la tête.

« Elle coule vers le nord. La plupart des rivières coulent vers le sud.

— Oui, c'est ça ! Comme c'est étrange.

— Bientôt, nous irons voir Sequin, et tu comprendras pourquoi la Cuyahoga coule vers le nord. Tu sais lire, petite-fille. Tu nous accompagneras et tu nous aideras. Sequin nous présentera des traités et des déclarations, continue grand-père en soupirant. Pour les Blancs, les mots parlés ont encore moins de valeur que les mots écrits. »

Je lui demande, le cœur lourd :

« Qui est Sequin ?

— Un marchand de peaux. Son comptoir est en aval, à côté du grand lac Érié.

— Sequin, dis-je, d'un air gêné. Mais toi, tu sais lire, grand-père. Pourquoi dois-je venir ? »

Netawatwees Sachem paraît déçu.

« C'est une occasion pour toi de nous aider. »

J'ai du mal à avaler ma salive.

« Oh... Bien sûr, grand-père. »

Dès le premier jour de vraie chaleur, grand-père annonce qu'il est temps d'aller chez Sequin. Avec Œil Blanc et deux autres hommes, il me regarde empaqueter de la nourriture dans mon sac. La seule chose qu'il nous reste à manger, c'est cet affreux *pemmican*.

Tandis que j'en entasse dans des sacoches en cuir, je pense aux galettes de ma mère – croustillantes sur les bords et moelleuses au milieu. Dougal et moi en mangions des assiettées pleines, avec du bacon ou du sirop d'érable, et du beurre quand nous en avions. Nous buvions ensuite de grands verres de lait frais. Et, pour les grandes occasions, comme Noël ou un anniversaire, nous avions droit à un thé de Chine délicieux et parfumé : le *pekoe*.

Les garçons ne plongent plus dans la rivière tous les matins. Leurs traits se sont durcis, et leur visage est devenu impassible. Depuis que j'y ai moi-même plongé, leurs yeux expriment du respect et une certaine réticence à mon égard. Aujourd'hui, alors que nous nous apprêtons à partir, j'y vois aussi de l'envie. Ils s'ennuient tout autant que moi dans la grotte, et cherchent l'aventure. J'ai trop honte pour soutenir leur regard. Netawatwees Sachem compte sur moi, et il découvrira que je ne peux pas les aider, parce que je ne sais pas lire. Ils le découvriront tous.

Je porte la nourriture, et les hommes, les peaux de bête qu'ils vont vendre à Sequin. Nous descendons le sentier boueux et longeons la rivière. Nous marchons jusqu'à la mi-journée avant de nous arrêter pour nous reposer.

Les feuilles nouvelles ne sont pas encore apparues, et les arbres paraissent d'autant plus dénudés que leurs troncs sont dépouillés de leur écorce. Les daims sont si affamés au début du printemps qu'ils la mangent pour survivre.

L'eau coule partout. Elle filtre entre les rochers qui surplombent la rivière. Elle s'écoule le long de la falaise et goutte sur nos têtes. Elle glougloute sur le sentier et remplit nos mocassins d'une boue froide. Les ruisseaux débordent, de minuscules cascades dévalent de rocher en rocher.

Toute cette eau rejoint la rivière en crue. La Cuyahoga gronde dans un enchevêtrement de branches cassées et de troncs d'arbre. Des morceaux de glace disparaissent dans les tourbillons. Nous avançons lentement, à cause de la boue et des souches que nous devons contourner.

Nous nous arrêtons de nouveau pour nous reposer, grignoter un peu de *pemmican*, et essorer nos mocassins. Mon estomac gargouille si fort que tout le monde peut l'entendre.

« Nous entrons dans la Lune du Sucre d'Érable, que l'on appelle aussi Lune Affamée, m'explique grand-père. Nous éprouvons de la gratitude, car l'hiver est fini, mais nous n'avons toujours pas à manger. Bientôt, la Cuyahoga nous donnera des poissons suffisamment gros pour être pêchés. Pour l'instant, nous pouvons toujours nous nourrir de l'écorce des arbres. »

L'écorce des arbres ?

Au crépuscule, il se met à pleuvoir à torrents. La rivière en crue atteint presque le sentier. Nous trouvons une grotte, plus petite et plus profonde que la nôtre. Œil Blanc y entre avec prudence et en ressort en secouant la tête. Même si je suis épuisée, je tends l'oreille pour écouter.

« *Makwa*, marmonne-t-il, avant d'indiquer le chiffre trois avec ses doigts.

— Une mère et ses petits ? demande grand-père en unami. Sont-ils profondément endormis ? Les dérangerons-nous si nous y passons la nuit ? »

Œil Blanc se balance sur ses pieds d'un air gêné.

« Ils dorment pour l'instant. »

Je demande :

« Il y a trois ours dans la grotte ? »

Grand-père acquiesce et me répond en anglais :

« Nous allons dormir là cette nuit, mais sans allumer de feu. »

Les hommes se tournent vers moi.

« Il pleut beaucoup trop pour continuer, et ma petite-fille est fatiguée. »

Œil Blanc le regarde comme s'il était devenu fou.

Nous entrons tout doucement dans la grotte. Je ne vois pas les ours, mais j'entends la respiration régulière de la mère et de ses petits, toujours en hibernation. Le souffle lent et cadencé qui s'élève de la poitrine de l'ourse bat comme un immense cœur qui palpite. L'un des petits siffle en ronflant ; l'autre émet un bruit semblable à celui de sa mère, mais en plus aigu.

Je les sens, aussi. Il émane de la mère des relents si âcres que l'odeur aussi sucrée que du miel ne peut provenir que de sa progéniture. À eux trois, ils forment une source de chaleur dans le coin où ils dorment. C'est presque comme si un feu y était allumé.

Une fois que mes yeux se sont habitués à l'obscurité, je parviens à les voir, trois boules noires comme de l'encre, contre la paroi sombre de la grotte.

Nous nous couchons, sans faire de bruit, et attendons que le sommeil vienne. Je déroule une couverture et imagine que je suis blottie contre la fourrure de ma mère, comme les oursons. Je m'endors presque instantanément.

Au petit matin, nous nous empressons de partir. Les premiers rayons du soleil éclairent la grotte. La famille ours continue de dormir paisiblement. La mère est une énorme bête noire, et ses petits ont la taille de bébés humains.

Brusquement, ce que je vois me fait dresser les cheveux sur la tête.

« L'un d'eux tète sa mère... Il est réveillé !

— Il tète en dormant, m'explique Netawatwees Sachem. Nous ne les avons pas dérangés.

— Mieux encore, grand-père, ils ne nous ont pas dérangés ! »

Netawatwees Sachem a emmené des hommes qui parlent anglais pour cette expédition chez Sequin. Ils rient doucement de ma petite plaisanterie.

L'ourse pousse un grognement et nous sortons en vitesse de la grotte.

Plus tard, dans la matinée, j'ai du mal à croire à ma chance. Là, sur la branche d'un arbre, comme si Dieu dans toute Sa sagesse avait voulu que moi seule la trouve, je ramasse une plume d'oiseau aussi bleue qu'un ciel d'octobre.

Je la frotte contre ma joue en murmurant :

« Merci, merci. »

Mais qui dois-je remercier ? Dieu, pour m'avoir permis de la trouver ? L'oiseau, pour avoir abandonné une plume de sa queue ? Ou moi, pour avoir eu la patience et le courage de croire en ma promesse ? Une promesse différée n'est pas une promesse que l'on ne tient pas. Je rentrerai chez moi, un jour.

Je range la plume avec amour dans mon sac, aussi loin que possible du *pemmican*.

Au cours du troisième jour de marche, vers la fin de l'après-midi, j'aperçois des volutes de fumée à l'horizon. La Cuyahoga ne serpente plus et s'élargit à mesure que nous approchons du lac du Chat. Les morceaux de glace qui tournoient dans l'eau commencent à se faire moins nombreux.

Bientôt, mes narines s'emplissent de l'odeur musquée de la vie marine – le sable, les poissons, la flore littorale. Des mouettes suspendues dans le ciel, presque immobiles, luttent contre le vent. Des oiseaux aux longues pattes – des sternes et des pluviers – plongent délicatement dans les bas-fonds, à la recherche de nourriture.

Au loin, les spirales de fumée révèlent le haut d'une cheminée, puis un toit, et enfin une cabane en rondins.

Je m'arrête et réfléchis à voix haute :

« Pendant tout ce temps, nous sommes progressivement descendus dans la vallée. Est-ce pour cela que la rivière coule vers le nord ? Elle coule en pente vers le lac ? »

Grand-père hoche la tête.

« Tu l'as compris toute seule », déclare-t-il, fièrement.

La cabane de Sequin et son comptoir se trouvent sur la rive Est, juste à l'endroit où la Cuyahoga se jette dans le lac. Elle est construite sur une plage de sable blanc, et une galerie court le long de la façade.

Le lac du Chat s'étend à perte de vue vers le nord. L'horizon est une traînée bleu foncé où le ciel, les nuages bas et l'eau se fondent les uns dans les autres.

L'été, dans le Connecticut, Constance et moi emportions du pain de maïs et des pommes dans une serviette et allions passer la journée à Pine Creek Point ou sur la plage de Fairfield. Je me rappelle avoir contemplé le détroit en me demandant comment il pouvait y avoir autant d'eau dans le monde.

Le lac du Chat ressemble à l'Atlantique, ou du moins au détroit de Long Island. Les vagues, qui se fracassent sur la rive, sont aussi grosses. Elles charrient des galets avec un bruit strident, tandis que les oiseaux guettent le ressac dans l'espoir de dénicher des palourdes et des petits poissons sur le sable.

Je goûte l'eau. Elle est fraîche, si fraîche.

« Est-ce que je peux rester ici, grand-père ? Pour contempler le lac.

— Nous avons besoin de ton aide. »

Au moment où nous entrons chez Sequin, mon cœur se met à battre à tout rompre, et pas seulement parce que je ne sais pas lire. Tout, ici, me rappelle tellement notre maison !

Pendant que les hommes parlent, je regarde partout, tant je suis impatiente de trouver un objet familier. De confortables sièges sont disposés autour de la cheminée ; le feu crépitant invite à s'asseoir, à se reposer un instant et à se chauffer les pieds et les mains. De jolis vases et des lampes en cuivre décorent la tablette de la cheminée. Une table aux chaises assorties orne le coin de la pièce. Du seuil, j'aperçois une chambre, avec un lit en bois sculpté, une couverture en dentelle et des oreillers rembourrés.

Ensuite seulement, je remarque la crasse. Devant le feu, des chaussures crottées et humides fument en exhalant une odeur de pieds. Des bols et des couverts sales encombrent les meubles. Ici et là, des habits malpropres sont entassés par terre, comme des paquets de neige. Des toiles d'araignée, avec des poches d'œufs couleur caramel, bouchent la vue des fenêtres. Dans le coin, au fond, l'élégante table en bois travaillé est couverte de casseroles et de vaisselle pleine de chiures de mouche.

Il ne m'en faut pas plus pour comprendre que Sequin vit seul.

Sa marchandise est stockée à l'autre bout de la pièce. Ses affaires doivent marcher. Je sais ce que les Delawares apprécient, et il possède exactement les objets aux couleurs vives qu'ils aiment. Encombrant le comptoir, des aiguilles et des épingles, des jarres en verre remplies à ras bord de bonbons. Des bobines de fil, des rouleaux de tissus aux teintes chatoyantes, des bouilloires en cuivre, des bijoux, des brosses et des peignes, des pichets de rhum – tout ce dont pourraient rêver les Indiens.

J'attrape sur une étagère un petit paquet recouvert de papier, l'approche de mon nez et respire profondément. Du savon ! Du savon parfumé à la rose ! Je le hume plusieurs fois jusqu'à en être étourdie.

Avec ses épais cheveux noirs et sa barbe, Sequin me fait penser aux ours de la grotte. Debout derrière son comptoir, il me regarde avec surprise sentir le savon, puis me fait signe d'avancer. Je m'approche. Il ouvre un tiroir, en sort un document, et s'incline devant moi.

« François Sequin, mademoiselle », dit-il.

Ma première impulsion est de lui faire la révérence, mais je m'arrête au dernier moment. Qu'est-ce que mes parents penseraient de moi s'ils me voyaient témoigner du respect à un cochon de Français ? Des gens avec qui nous sommes en guerre depuis sept ans !

Je réponds froidement :

« Mary Caroline Campbell.

— Approche ! Dis-leur ! » s'écrie-t-il.

Je jette un coup d'œil à grand-père, qui hoche la tête en me souriant. « Que va-t-il faire quand il découvrira que je ne sais pas lire ? Je pourrais peut-être lui dire que j'ai oublié. »

Sequin me tend un document d'allure officielle. La cire rouge du cachet est fendillée ; la calligraphie n'est qu'enjolivements et fioritures. Des lions et des fleurs de lis ornent les quatre coins.

Les lignes ondulées ne m'évoquent absolument rien. Mes mains tremblent, j'ai la bouche sèche.

« Je ne sais pas lire ça, dis-je d'une toute petite voix à grand-père. Je suis désolée. »

Grand-père paraît d'abord choqué, puis ses yeux lancent des éclairs de colère.

Sequin m'arrache le papier des mains.

« Tu parles français ?[1] hurle-t-il. Tu parles français ? »

---

1. En français dans le texte, ainsi que tout ce qui est accompagné d'un astérisque. *(N.d.T.)*

Je secoue la tête. Le contour de sa silhouette se brouille derrière le voile de mes larmes.

Sequin pointe de son index sale certains passages du document.

« Netawatwees Sachem. Le roi de France vous salue, hurle-t-il. Ohio territoire français. Roi de France. Sequin français. Commerce ici seulement. »

Submergée par le soulagement, je m'écrie :

« Bien sûr ! C'est écrit en français, grand-père. Je... je ne sais pas lire le français.

— Là, c'est écrit : *"Bienvenue sur la terre du roi"*, continue l'homme en montrant le document. Bienvenue. Commerce uniquement avec Sequin. Roi de France. Ohio français. Produits français. Sequin français. »

Je bondis.

« Nous ne sommes pas en territoire français ! Mon père dit que cette contrée nous appartient. C'est la réserve de l'Ouest. Elle a été acquise par le roi Charles II il y a presque cent ans. C'est un territoire anglais. »

Sequin se met en colère.

« Non* ! s'exclame-t-il. Territoire français ! Roi de France ! Sequin français ! France ! France ! France ! »

Chaque fois qu'il crie « France », Sequin frappe

* En français dans le texte

si fort sur le comptoir qu'il fait trembler la savonnette et les bocaux de bonbons.

« Oui, dit grand-père doucement. Nous ne commerçons qu'avec vous. »

Il montre du doigt le lac, dehors.

« Et le lac est français, aussi.

— Oui*. »

La bouche de Sequin s'étire en un sourire édenté.

« Lac du Chat. Territoire français. Roi de France. Produits français. Sequin français. »

Les hommes déposent leurs pelleteries sur le comptoir. Ils les échangent contre du tissu, des bouilloires, de la poudre à canon et des balles. Œil Blanc montre un pichet de rhum sur l'étagère du haut, mais grand-père le foudroie du regard avant que Sequin ait le temps de l'attraper. Œil Blanc baisse la tête, l'air penaud. Sequin se contente de hausser les épaules.

Puis il plonge la main dans un bocal de bonbons et me tend un bâton à la cannelle rouge vif en me souriant. Il y a du jus de chique séché dans les crevasses de ses lèvres, et des restes d'aliments moisis dans sa barbe. Il a la même odeur que l'ourse de la grotte.

« Merci, monsieur. »

Je m'empare du bâton de cannelle le plus vite possible. Mais, malgré ma hâte, Sequin y a laissé ses empreintes sales.

« Merci*, dit grand-père. Au revoir, monsieur Sequin*. »

Il se tourne, prêt à partir. Je le suis, et je m'écrie, étonnée :

« Tu parles français ? Français *et* anglais ?

— Attendez, sachem des Indiens*, lance Sequin. Attendez, s'il vous plaît*. »

Nous faisons demi-tour. Sequin m'examine des pieds à la tête. Il prend son temps, laisse son regard s'attarder ici et là. En le voyant lécher ses lèvres humides, je recule.

Sequin pose trois mousquets flambant neufs sur le comptoir.

« Belle jeune fille* », dit-il en opinant de la tête.

Il caresse l'un des mousquets d'une main et me montre de l'autre.

« Non*, répond grand-père. C'est ma petite-fille. Elle est ma petite-fille, monsieur Sequin*. »

Sequin pose un autre mousquet sur le comptoir et guette sa réaction.

« Non, monsieur*, répète-t-il poliment. C'est ma petite-fille, ma petite-fille*. »

Sequin lève les yeux vers le pichet de rhum et regarde Œil Blanc.

« Non*, réplique encore grand-père. Au revoir, monsieur*. »

Sequin hausse les épaules et range les mousquets sur l'étagère derrière lui.

« Dommage, mais c'est la vie*. C'est la vie, n'est-ce pas ? Bon voyage, Netawatwees, sachem des Indiens*. »

Il me sourit, les yeux brillants.

« Mademoiselle Mary, nous nous reverrons bientôt. »

Le soir, à notre campement, grand-père contemple longuement le feu, perdu dans ses pensées.

« Mon enfant, dit-il enfin, y a-t-il beaucoup de Français ? Plus que les Iroquois, mais moins que les Anglais ?

— Je l'ignore. Plus que les Iroquois, et autant que les Anglais, probablement.

— Tous ces Français, murmure-t-il avec un sourire. Heureusement pour nous, il n'y a qu'un seul Sequin. »

Je souris. Mon secret n'a pas été découvert.

« Nous devons contenter Sequin, afin qu'il n'augmente pas ses prix, dit-il doucement. Il faut faire tout notre possible pour le satisfaire. »

Mon cœur se met à cogner dans ma poitrine.

« Ne me renvoie pas chez lui. Je travaillerai dur.

J'apprendrai votre langue. Je t'en prie, ne me renvoie pas chez lui. »

Grand-père semble vexé.

« Crois-tu vraiment que je laisserais ma petite-fille épouser un sale Français ? »

Comme je ne sais pas quoi penser, je change de sujet :

« Heu... Qu'est-il arrivé aux Ériés ? Je n'ai jamais vu personne d'autre que nous au bord de la rivière.

— Il y a cent ans, les Iroquois voulaient posséder l'Oyo Hoking pour y chasser. Les Ériés s'y trouvaient déjà, aussi les Iroquois les ont-ils tous tués.

— Avec qui Sequin fait-il commerce si personne ne vit ici ? »

Grand-père me regarde curieusement.

« Il y a beaucoup de nations dans l'Oyo : les Wyandots à l'ouest, les Miamis au sud, et les Shawnees qui vivent le long de la rivière Muskingum.

— Est-ce que les Iroquois nous tueraient s'ils pensaient que nous nous y trouvons, nous aussi ?

— Nous avons signé un pacte avec eux, mais ce sont des Iroquois. Nous sommes ennemis depuis toujours. Tu ne sais pas lire, n'est-ce pas ? »

Mon sang ne fait qu'un tour.

« Je ne sais pas lire le français...

— Non. »

Sa main calleuse se referme autour de mon poignet comme un piège.

« Ne me mens jamais plus », dit-il doucement.

J'entends pourtant la colère dans sa voix, comme des braises rougeoyantes sous un feu qui se meurt.

« Pardon.

— Les gens de ton peuple ne font que mentir. Vous ne savez pas dire la vérité. »

Il resserre la pression autour de mon poignet.

« Je dis la vérité.

— Non », rétorque-t-il en serrant plus fort.

Ma main me fait mal.

« Tu sais parler anglais et français, dis-je en bégayant. Tu sais que la Cuyahoga coule vers le nord, et tu sais ce qui est arrivé aux Ériés. Tu connais les terres fertiles de l'Ouest et l'histoire des *yahqua-whee*. J'ai honte d'être si ignorante et je suis en colère parce que ce n'est pas de ma faute. Les hommes veulent que les filles soient jolies, douces et stupides. C'est la vérité.

— Je vois. »

Il lâche mon poignet. À la lueur du feu, j'aperçois des marques blanches là où ses doigts ont serré.

Au bout d'un moment, je dis :

« Tu es allé à l'école, grand-père ?

— Quand j'avais huit ans, moi aussi, j'ai plongé dans une rivière gelée tous les matins pendant les quatre lunes de l'hiver. J'ai plongé dans la Susquehanna. »

Il regarde intensément le feu.

« Mon village se trouvait près de votre concession.

— Vrai... vraiment ?

— Après, je suis allé dans une école de garçons, à Philadelphie. J'y ai étudié l'anglais, le français, le latin, les mathématiques et l'histoire de l'Europe. Cela fait des années que je n'ai pas lu d'anglais ni de français, et un vieil homme oublie. On nous enseignait aussi la géographie, mais on ne nous a pas parlé de ton Afrique. J'aurais aimé connaître l'histoire des éléphants plus tôt. »

Je le regarde, bouche bée. Cet homme cessera-t-il un jour de me surprendre ?

« Pourquoi... pourquoi es-tu allé à l'école ?

— J'étais destiné à être le chef des Delawares. J'ai dû apprendre tellement de choses.

— Tu sais lire une carte ?

— Bien sûr. Ce sont les Anglais qui m'ont donné celle-ci. Quelle opinion auraient-ils de moi s'ils pensaient que je ne sais pas lire une de leurs cartes ?

— La même que celle que tu as de moi », dis-je à voix basse.

Mon menton tremble, ma bouche se plisse. Les larmes coulent le long de mes joues.

Après avoir gardé le silence pendant longtemps, il déclare :

« Ne m'appelle plus jamais "grand-père". »

Je sanglote de plus belle.

« Pardon.

— Tu ne me comprends pas, dit-il doucement. Appelle-moi *muxomsa*. Cela signifie "grand-père". Essaie. »

Je renifle et essuie mes yeux du revers de la main. J'essaie :

« *Mou chum sa.* »

On dirait que j'éternue.

« "Petite-fille" se dit *nuxkwis*. *Nuxkwis*, tu ne sais pas lire, mais tu apprends vite notre langue. Dorénavant, je ne veux plus t'entendre parler anglais.

— Oui... je veux dire : *heh-heh, muxomsa*. Et... avec Mrs. Stewart ? Elle ne parle pas votre langue.

— Plus d'anglais. Mrs. Stewart était une erreur, dit-il sur un ton catégorique. C'est une femme amère et en colère, qui aime manger mais pas travailler. Je l'ai donnée en seconde épouse à Tamaqua, mais il me dit qu'elle n'est que haine.

— Ce n'est pas de la haine, mais du chagrin. C'est toi qui as donné l'ordre de tuer Sammy.

— Qui ?

— Son bébé !

— Son bébé, répète-t-il doucement. Oui, je me

souviens de Sammy. Nous devions nous dépêcher, et elle avançait trop lentement.

— Nous aurions pu le porter à tour de rôle. Il avait faim, il était fatigué et ne comprenait pas ce qui lui arrivait. Mrs. Stewart ne t'a jamais pardonné, et toi, tu as oublié ! »

Le jour où Sammy est mort me revient brusquement en mémoire. Je me rappelle la terreur, l'horreur et le chagrin, comme s'il avait été tué ce matin même. Mais ce que je me rappelle surtout, c'est mon silence pétrifié, tellement j'avais peur de dire ou de faire quelque chose qui aurait attisé leur courroux au point de vouloir me tuer. Le petit agneau docile. Qui, maintenant, réprimande grand-père comme s'il faisait partie de ma famille.

« Tu es tellement impatient, et tu t'attends toujours au pire, lui dis-je.

— C'est vrai », répond-il doucement.

À Fairfield, je me plaignais souvent à ma tante Orpah après m'être disputée avec Dougal.

« Il ne fait jamais rien, parce qu'il a toujours été le préféré, disais-je en tapant du pied.

— Voilà ce qui arrive, entre membres d'une même famille, me répliquait-elle en me tendant un biscuit à la mélasse. Comme ce sont les personnes que nous connaissons le mieux, nous pensons toujours ne jamais nous tromper sur eux. »

Soudain, je me rends compte avec surprise que je ne me suis pas emportée contre mes parents ou mon frère depuis des mois – depuis la fin de l'hiver, en fait. Et pourquoi ? Parce que je ne les connais plus.

Dans le Connecticut, des portraitistes itinérants allaient de ville en ville avec des toiles sur lesquelles des cheveux, des chapeaux et des habits étaient déjà peints. Il ne manquait que la tête. Les clients payaient pour qu'on peigne leur visage, ou celui de l'être aimé. Parfois, contre un supplément, on ajoutait un animal de compagnie – un cheval, un chat, un chien ou un oiseau – pour apporter une touche personnelle.

Les Campbell sont comme ces portraits sans visage. Je me souviens de leurs vêtements, de notre bétail, des chats gris moucheté de la grange. Mais les visages de mes parents, de Dougal, de tante Orpah et de grand-père Campbell ne sont plus qu'une tache floue. Je ne me souviens plus de leurs traits.

Je regarde grand-père attiser le feu. Maintenant, je comprends qu'il a eu peur. Il a eu peur de nous voir mourir si nous n'avions pas atteint la Cuyahoga avant les premières neiges. Sammy Stewart représentait un risque qu'il ne pouvait pas se permettre de prendre.

« Il est ma famille, me dis-je avec étonnement,

avec Hepte, Œil Blanc et Petite Mésange. Ce sont les gens que je connais le mieux.

« J'ai donné à Mrs. Stewart l'occasion d'avoir d'autres enfants, mais elle est toujours en colère. Quatre mousquets. »

Il secoue la tête.

« Non, pas quatre mousquets. Deux. Peut-être trois. Tu crois qu'elle serait plus heureuse avec les siens ?

— Oui, j'en suis sûre.

— Bien. Endors-toi, maintenant.

— Pourquoi parlais-tu de mousquets ?

— Endors-toi, *nuxkwis*. Et plus d'anglais. »

Je m'assoupis en pensant aux mousquets. Tout à coup, la lumière se fait en moi.

Grand-père veut échanger Mrs. Stewart contre les mousquets de Sequin.

10

Mrs. Stewart

Un mois environ après notre expédition chez Sequin, le printemps vide la grotte. Un groupe de guerriers part explorer en amont et en aval de la rivière. Ils s'absentent pendant plusieurs jours. Et puis, un soir, alors que le soleil se couche derrière les arbres de l'autre côté de la gorge, ils reviennent, leurs voix vibrant de soulagement et d'émerveillement : il n'y a personne le long de la Cuyahoga. Nous n'avons rien à craindre des Iroquois.

Petite Mésange et moi trouvons des soucis jaune d'or au bord des marécages qui se sont formés depuis le dégel. Je lui apprends à tresser des couronnes pour nos cheveux.

Une fois grand-père assuré que l'hiver est bel et bien fini, nous empaquetons nos affaires. Les habits chauds, les marmites, les couteaux et les cuillères, les mousquets, les semences, et les couvertures en peau d'ours et de loup sont rangés dans des sacs.

Nous portons des vêtements taillés dans du tissu rouge vif et nos bouilloires en cuivre brillent comme un sou neuf. Les hommes semblent plus détendus à présent qu'ils possèdent balles et poudre en quantité.

Enfin, les feuilles vertes des arbres ressemblent à des feuilles du mois de mai. Je me demande si ce n'est pas mon anniversaire, aujourd'hui. Si c'est le cas, cela signifie que je suis captive depuis un an. Ce matin-là, je rêvassais dans mon lit en attendant de voir quel effet cela me ferait d'avoir douze ans. C'était il y a un an, à peine ! Après tout ce qui m'est arrivé, j'ai l'impression que ce n'est pas une année qui s'est écoulée, mais cent.

Lorsque nous avons fini de rassembler nos affaires, nous nous engageons sur le sentier. Au lieu de descendre vers la rivière, nous remontons dans la gorge, jusqu'à une étendue de terre plate, au milieu de laquelle coule un ruisseau. L'eau qui tombe de la falaise en cascade se jette dans la rivière.

C'est sur ce plateau, au-dessus de la grotte, que nous installerons notre nouveau campement.

Les hommes abattent de jeunes arbres, et les femmes déterrent les racines à l'aide de pelles en os d'élan et de couteaux en silex. Je les aide à empiler les racines gorgées d'eau sur le feu. Plus tard, nous mélangerons les cendres à la terre.

Les hommes ôtent soigneusement l'écorce des gros arbres et en abattent d'autres. Nous travaillons tous ensemble à la fabrication des wigwams ; ils seront au nombre de vingt-cinq, un par famille. L'écorce est déposée en couche sur les jeunes arbres et fixée ensuite avec des rameaux de vigne.

Il fait sombre à l'intérieur de notre wigwam, presque autant que dans la grotte. Hepte a recouvert le sol d'aiguilles de pin. Comparé à la terre humide sur laquelle nous avons dormi tout l'hiver, ce matelas est un luxe – les aiguilles sont soyeuses et emplissent mes narines de leur odeur piquante chaque fois que je bouge.

Notre feu est composé de cinq bûches disposées en étoile. Hepte l'appelle « un feu étoilé ». Je me souviens que, pendant notre marche, une femme transportait des charbons ardents dans un pot en pierre fermé. Chaque fois que nous nous arrêtions, elle ajoutait des copeaux de bois dans le pot. À l'automne dernier, lors de notre première nuit dans la grotte, elle avait déposé des raclures de bois brûlantes dans le foyer de chaque famille. Aujourd'hui, c'est de feu étoilé en feu étoilé qu'elle va avec son pot, distribuant un peu de bois.

Quand elle arrive devant le nôtre, Hepte semble ravie et soulagée. Je lui demande pourquoi.

D'une voix posée, elle m'explique que, si les feux étoilés s'éteignent, le wigwam meurt, ainsi que tous ses occupants. Aux premiers jours de la Création, Kishelemukong en personne faisait tomber du ciel des éclats d'étoile pour allumer les feux.

Elle m'indique notre feu du doigt.

« Le feu étoilé du clan des Tortues brûle depuis ce temps-là. »

C'est impossible.

« Il brûlait déjà avant le massacre des *yahqua-whee* ?

— Bien sûr. »

Je secoue la tête.

« Cela n'a pas de sens.

— Aux premiers jours de la Création, reprend Hepte lentement, une tortue géante est sortie de la mer. Les plantes, les animaux et le Peuple ont grandi sur sa carapace. Tant que le Peuple existe et que les feux étoilés brûlent, la tortue géante flottera à la surface de l'eau et la vie continuera. Si les feux s'éteignent, tout, même la lumière, disparaîtra.

« Le Peuple rend hommage aux tortues pour leur patience et leur longévité. Les tortues habitent la terre et la mer. Elles se nourrissent d'animaux et de plantes. Elles peuvent survivre n'importe où. »

Je comprends maintenant pourquoi nous sommes le clan des Tortues. C'est logique, après tout, que le clan royal porte leur nom.

« Est-ce que les clans des Ours, des Loups et des Dindons honorent aussi les tortues ?

— Oui.

— Grand-père est un peu comme la tortue géante. Il tient le monde dans sa main, du moins une partie.

— Je lui rapporterai tes paroles », déclare Hepte en souriant.

J'observe notre feu étoilé comme s'il était vivant. Le sifflement des flammes vacillantes semble effectivement murmurer des légendes des temps anciens et des secrets jalousement gardés. Me les racontera-t-on un jour ?

Juste avant de m'endormir, je me rends compte que je n'ai pas vu Mrs. Stewart aujourd'hui. La journée a été longue : nous avons porté nos affaires en haut de la falaise, nous avons monté nos wigwams, les feux étoilés brûlent une fois de plus.

Où était Mrs. Stewart pendant tout ce temps ?

Elle devait sans doute ramasser du petit bois, ou

ôter l'écorce des arbres pour les wigwams. Peut-être s'est-elle enfin décidée à travailler ?

Quand le temps vient de planter les semences, les filles, les femmes et les hommes âgés utilisent des pelles en os d'élan pour creuser la terre. Avec les mains, nous arrachons ce qui reste des racines enchevêtrées et les brûlons. Le soleil brille, mais le sol détrempé est froid et, à la fin de la journée, j'ai les doigts gelés et aussi engourdis que le jour où j'ai plongé dans la Cuyahoga.

Les cornouillers en fleur habillent la gorge de dentelle blanche. Les oiseaux qui ont vécu à nos côtés cet hiver – les tangaras rouges, les mésanges, les geais bleus – doivent défendre leur territoire face aux nouveaux venus. Tous les jours, je découvre de nouvelles espèces : des pinsons dorés, des oiseaux bleus, des merles aux ailes rouges, des cardinaux rouge foncé, des loriots, des fauvettes pourpres. Leur chant et leur plumage aux couleurs vives sont un enchantement à mes oreilles et à mes yeux. Les merles sautillent le long de la rive et cherchent des vers de terre, d'abord avec un œil fixé au sol, puis avec l'autre, comme s'ils étaient incapables de décider lequel voit le mieux.

Hepte dit que c'est l'époque de planter les Trois Sœurs – le maïs, les courges et les haricots. Nous plantons aussi des potirons. Chaque femme a apporté sa propre réserve de graines de l'Allegheny.

Nous plantons le maïs à l'intérieur du cercle que forment les wigwams, et de part et d'autre du ruisseau. Quand les tiges atteindront la hauteur de nos genoux, ce sera au tour des haricots et des courges d'être semés. Les tiges de maïs serviront de tuteurs, et leur ombre protégera les courges et les potirons du soleil.

Les racines des légumes se nourriront les unes les autres, et nourriront la terre autour.

« Comme de bonnes sœurs, elles s'entraideront pour devenir fortes », m'explique-t-elle tandis que Petite Mésange me caresse le visage en riant.

Hepte me parle toujours lentement, et en articulant, de sorte que je comprenne tout ce qu'elle dit. En revanche, j'ai beaucoup plus de mal à suivre Petite Mésange. Elle parle trop vite, et depuis qu'elle a perdu ses dents de lait, sa diction n'est pas très claire. Œil Blanc, lui, ne me parle guère ; il passe la majeure partie de son temps en compagnie des hommes.

Grand-père a interdit l'anglais, aussi je n'ai pas d'autre choix que d'apprendre leur langue. La plupart des familles sont unamies, dont la mienne, mais il y a d'autres Delawares dans notre groupe – quelques Mohicans et des Munsees. Tout comme moi, ils ont la nostalgie de leurs terres et de leur façon de vivre dans l'Est.

Pendant tout l'hiver, grand-père et quatre hommes se retrouvaient tous les deux ou trois jours pour perfectionner leur anglais. J'étais toujours la bienvenue. À présent, il me repousse.

« *Muxomsa*, s'il te plaît, je vais perdre mon anglais.

— Tu n'oublieras pas. Ton anglais est là, dit-il en tapotant ma poitrine, là où mon cœur bat.

— Puisque nous nous entraidons, je pourrais vous expliquer les mots difficiles.

— Je les connais déjà. *Nuxkwis*, tu nous aides davantage en ne parlant qu'unami. »

Il me tourne le dos et refuse de discuter.

« Grand-père est aussi méchant qu'un ours, dis-je à Hepte l'après-midi, dans notre jardin. J'ai peur de perdre mon anglais.

— Tu ne le perdras pas, parce qu'il est niché au fond de ton cœur. Il est plus utile pour nous que tu apprennes l'unami. Mon père est un homme sage, tu dois l'écouter. Il n'est pas seulement ton grand-père, c'est aussi ton sachem. »

Je la regarde d'un air méfiant. Est-ce qu'elle lui a parlé de moi ?

« Pense à tout ce que tu as appris en écoutant et en posant des questions. »

Je marmonne :

« *Heh-heh* », et jette plusieurs racines dans le feu.

Il ne faut jamais remettre au lendemain ce que l'on peut faire le jour même. Après m'être raclé la gorge, je dis à Hepte :

« Je dois parler avec Mrs. Stewart. C'est important.

— Si Mrs. Stewart veut passer le restant de ses jours seule dans la grotte, tu n'as pas à aller la voir, déclare-t-elle vivement.

— Mais je me fais du souci...

— Pas moi. Pas nous. Et toi non plus, tu ne devrais pas. Tu as compris ? »

Hepte me regarde, et je vois le même éclair de colère dans ses yeux que dans ceux de son père, parfois.

Elle se détourne pour secouer la terre d'un tas de racines.

Je travaille dur cet après-midi, et le soleil est fort. Nous ne portons rien d'autre que des tabliers en cuir. J'ai trouvé une idée pour m'éloigner et aller prévenir Mrs. Stewart.

« Hepte. »

Je lui montre la peau blanche de ma poitrine et de mon dos.

« Je me disais que... que j'allais cuire au soleil. Être... être toute rouge. »

Elle sourit.

« *Tonn*. Nous aussi, nous sommes brûlés par le soleil.

— Mais il est trop fort pour moi. À la place, je m'occuperai de notre feu étoilé. S'il te plaît, *gashes*. »

Gashes.

C'est la première fois que je l'appelle « mère ».

J'hésite à croiser son regard mais, quand je relève la tête, je vois que ses yeux sont brillants et humides.

« *Tonn*, murmure-t-elle. Tu peux partir. »

Je retourne au wigwam en courant et j'enfile ma robe de coton. Après m'être assurée que personne ne me regarde, je descends jusqu'à la grotte.

La culpabilité me tenaille, parce que j'ai menti à Hepte et que je l'ai appelée « mère ». Elle s'est toujours montrée d'une extrême bonté avec moi, et m'a souvent donné à manger quand elle-même n'avait rien. Mais je ne peux pas les laisser vendre Mrs. Stewart à cet affreux Sequin, comme si elle n'était qu'une vulgaire peau de daim ou une fourrure de castor. Si je la préviens, elle sortira de la grotte, et travaillera pour gagner sa sécurité. Alors grand-père ne l'échangera pas contre des mousquets.

Au début, je ne vois personne dans la grotte mais, une fois mes yeux habitués à l'obscurité, j'aperçois une silhouette au fond, un ballot dans les bras. C'est mauvais signe.

Mrs. Stewart est assise à côté de l'ancien foyer

d'une famille. Aujourd'hui, il n'y a plus que des cendres.

« Mrs. Stewart, je suis venue vous prévenir. »

Elle lève des yeux pleins d'inquiétude et serre le ballot contre elle. Quand elle me reconnaît, ses épaules se détendent.

« Mary ! Prends place près du feu. Quelle bonne surprise. »

Le ballot est un rondin de bois enveloppé dans une peau de daim. Je sais ce qu'il représente – elle l'a tenu contre elle de temps en temps cet hiver.

« Vous portez de nouveau Sammy, Mrs. Stewart. Vous m'aviez promis de ne plus le faire. »

Elle frotte sa joue contre l'écorce de la bûche et la berce doucement. Les yeux agrandis par la peur, elle parle à voix basse au rondin.

« Écoutez-moi. Je n'ai pas beaucoup de temps, je suis censée m'occuper de notre feu. Netawatwees Sachem veut vous vendre à Sequin contre des mousquets. »

Elle penche légèrement la tête de côté.

« Sequin ? Des mousquets ? Me vendre ?

— C'est l'affreux Français qui possède le comptoir au bord du lac du Chat, le lac Érié. Il est prêt à céder quelques-uns de ses mousquets contre une femme. »

Je ne lui dis pas qu'il a déjà essayé de m'obtenir.

« Grand-père veut vous échanger parce que vous ne travaillez pas. Ils ne peuvent pas garder quelqu'un qui refuse d'aider à la besogne. C'est pourquoi vous devez sortir de la grotte et vous occuper du jardin. Il le faut, immédiatement. »

Je me prépare mentalement à un éclat de colère de sa part, ou à des cris d'indignation.

Mais elle se contente de fixer longuement le ballot dans ses bras. Peut-être n'a-t-elle pas compris le sens de mes paroles ? Ses yeux ont le même regard vide que lors des semaines qui ont suivi notre capture.

« À quoi ressemble la maison de Mr. Sequin, Mary ?

— C'est dégoûtant. Le magasin, passe encore, mais là où il vit ! Il y a des vêtements sales partout, du linge qui sent mauvais et la vaisselle n'a pas été faite depuis si longtemps qu'elle est pleine de moisissure.

— Il y a des meubles ?

— En quantité. Et de jolies choses, sculptées à la main. Il a dû les faire venir par le Saint-Laurent, de Montréal, ou même de France. Mais tout est abîmé.

— De jolies choses, répète Mrs. Stewart. J'ai dû vendre le buffet en acajou de ma mère quand nous sommes partis pour la Pennsylvanie. »

Après avoir vécu si longtemps avec des gens qui

ne parlent pas anglais, j'ai appris à lire sur les visages. Celui de Mrs. Stewart exprime l'espoir – l'espoir et la perspective de s'évader.

Je me mets à bafouiller :

« Ce n'est pas possible... Vous ne pouvez pas penser à... Vous... vous êtes déjà mariée ! »

« Mariée à deux hommes », suis-je sur le point de dire, mais je m'arrête juste à temps.

« Ah bon ? s'interroge Mrs. Stewart doucement.

— Vous ne m'avez même pas demandé à quoi ressemblait ce Sequin.

— Je me fiche de savoir à quoi il ressemble, répond-elle d'une voix rêveuse. Je veux une maison confortable, pour Sammy et moi.

— Il vous faudra l'embrasser ! Et il a perdu toutes ses dents.

— T'ai-je déjà dit que je m'appelais Mary, moi aussi ?

— Non. »

J'hésite un instant.

« Vous ne pouvez pas...

— Je m'appelle Mary Stewart, répète-t-elle. Et n'importe quelle vie vaut mieux que celle-ci. Je n'ai aucun espoir ici, Mary, ne le vois-tu pas ? »

En bas, dans la gorge, un héron bleu s'envole d'un énorme nid perché dans un arbre. Je le regarde planer au-dessus de la Cuyahoga, à la recherche de poissons pour ses petits.

« Il a du savon, dis-je finalement. Du savon qui sent la rose. Mais je doute qu'il s'en serve.

— Sauvée », murmure Mrs. Stewart.

À moins qu'elle n'ait dit « savon ». Elle prend une profonde inspiration et serre le ballot contre elle.

« Dis à ce grand seigneur de Netawatwees que j'irai chez Sequin. Dis-lui que Sammy et moi partons aujourd'hui.

— Non ! Si je lui dis que vous voulez partir, il saura que je vous ai parlé !

— Je ne comprends pas, Mary.

— Grand-père ne veut plus que je parle anglais. Je n'ai pas le droit. Je ne suis pas censée être ici en ce moment. »

Elle me saisit par le coude.

« Que veux-tu dire, il ne veut plus que tu parles anglais ? »

Sa main rouge et toute ridée ressemble à une griffe d'urubu. Je me contiens pour ne pas m'écarter d'elle.

« Il dit que je dois apprendre leur langue.

— Tu es en train de devenir une sauvage, Mary ! Viens avec moi, s'exclame-t-elle en me tirant par le bras. Sequin te prendra, toi aussi. »

Je me mets à hurler :

« Non ! Je ne peux pas ! Les... les Tortues ne me laisseront jamais partir. Il vous faudra parler en votre nom, Mrs. Stewart. Ne dites rien sur moi à Netawatwees Sachem.

— Qu'est-ce que les tortues viennent faire là-dedans ? demande-t-elle d'une voix étonnée.

— C'est leur nom, le nom de Hepte, de Petite Mésange et de grand-père. »

Elle secoue la tête et serre le rondin contre elle.

« Nous lui parlerons toutes les deux, dis-je. Il se mettra en colère contre moi, mais il sera encore plus heureux d'être débarrassé de vous, surtout si, en échange, il obtient de nouveaux mousquets. »

Pour la première fois depuis que je la connais, Mrs. Stewart éclate de rire, un rire mélodieux et féminin qui rebondit contre les parois de la grotte.

À Fairfield, nous organisions tous les ans un dîner de fête le samedi avant Noël, après lequel nous chantions des hymnes.

L'entendre rire me rappelle les branches de pin et de houx que nous accrochions aux murs, les jambons, les tourtes épicées et les gâteaux de ma mère sur le buffet.

Nous invitions la famille et tous nos amis. Assises sur les marches de l'escalier, Constance et moi regardions les jeunes femmes élégantes venues de la ville. Debout au milieu de leurs admirateurs, elles riaient exactement comme Mrs. Stewart. Les éventails aux couleurs vives qu'elles agitaient en souriant chatoyaient comme des ailes de papillon.

Lorsque nous arrivons à l'entrée du village, tous les membres des différents clans – les Tortues, les Dindons, les Loups et les Ours – cessent aussitôt leurs activités et dévisagent Mrs. Stewart. Elle porte toujours la même robe rouge depuis que nous avons été capturées, sauf que, maintenant, ses genoux noirs de crasse pointent entre les lambeaux d'étoffe sale. Ses cheveux collés en une touffe grise ressemblent à un sabot de cheval. Elle berce son rondin emmailloté et cligne des yeux comme une chouette éblouie par le soleil.

Nous nous dirigeons vers le groupe d'hommes qui parlent anglais. Dès que nous approchons, ils se taisent. Aucun n'apprécie Mrs. Stewart, et à présent leurs yeux expriment le dégoût et la pitié. D'autres personnes nous suivent, le visage inquiet, dans l'attente de ce qui va arriver.

« *Muxomsa*, dis-je à voix basse, les yeux baissés, Mrs. Stewart veut aller chez Sequin, au bord du lac Érié. Deux mousquets ? Peut-être trois ? Si elle peut se laver et se changer.

— On dirait une folle ! hurle grand-père. Crois-tu que Sequin acceptera d'échanger des mousquets contre une femme folle et revêche ?

— Elle n'est ni folle ni revêche. Elle veut partir. Ce soleil...

— Père, déclare Hepte. J'ai cousu une nouvelle robe dans l'étoffe rouge de Sequin. Elle peut la prendre si tu me rapportes suffisamment de tissu pour tes petites-filles et pour moi.

— De nouvelles étoffes et des mousquets, pour ça ? » interroge grand-père en montrant Mrs. Stewart de la main.

Celle-ci s'avance.

« Netawatwees, je ne comprends pas ce que vous dites, mais j'entends le mépris dans votre voix. Je me moque de ce que vous pensez de moi. Je veux partir. »

Grand-père passe à l'anglais.

« Partez, dans ce cas. Aujourd'hui, dit-il avec colère. Ma fille a offert de vous donner une robe. Ma petite-fille vous aidera à vous laver... »

Non, je ne suis pas d'accord ! Rien qu'à l'idée de toucher ces cheveux sales et tout collés, j'en ai la chair de poule.

« ... et quand vous serez prête, mon gendre vous accompagnera chez Sequin.

— À une condition, déclare-t-elle. J'ai cru comprendre que Mary vous avait désobéi en venant me parler. Elle l'a fait pour m'aider. Vous n'avez pas le droit de la punir. »

J'ouvre tout grand la bouche. Est-ce Mrs. Stewart qui parle ainsi ?

Grand-père et elle se regardent droit dans les yeux. Il est le premier à baisser la tête.

« Elle ne sera pas punie, marmonne-t-il.

— Et elle me rendra visite régulièrement. Il est hors de question que je l'abandonne entre vos mains. »

Il acquiesce d'un bref hochement de tête.

« Hepte vous apportera la robe.

— Au revoir, Netawatwees. »

Grand-père tend la main comme s'il s'attendait à ce qu'elle la lui serre. Mais Mrs. Stewart pivote lentement sur ses talons fendillés. Quand a-t-elle perdu ses chaussures ?

La tête haute, le dos droit comme un piquet, elle s'engage entre les wigwams, gagne le sentier et accélère le pas. Je dois trotter derrière elle pour la rattraper.

Je m'arrête quand je la vois commencer à descendre la falaise.

« Vous allez me manquer ! Merci... de m'avoir aidée. Au revoir ! »

J'agite la main, mais elle ne se retourne pas.

« Au revoir, Mary Stewart », dis-je tout doucement.

Puis elle se met à courir et disparaît.

11

Questions

Cela fait des semaines que Mrs. Stewart est partie. Tous les jours, je découvre en me réveillant de petits cadeaux de Kolachuisen : une jolie feuille, une cosse de laiteron accrochée à sa tige où perlent des gouttes de sève, un galet du même rose délicat que mes ongles quand j'ai passé l'après-midi à frotter des marmites dans la rivière. Une fois, j'ai trouvé un minuscule canoë taillé dans une écorce de bouleau.

Ce matin, ce sont trois myrtilles nichées dans le chapeau d'un gland.

Pendant que je prends mon petit déjeuner avec le clan des Tortues, elle me regarde. Elle se débrouille toujours pour travailler à côté de moi dans les jardins. Elle me suit quand je ramasse du bois. Et comme le wigwam de sa famille est tout près du nôtre, le soir, lorsque je parle avec Hepte, Petite Mésange ou grand-père, je la vois du coin de l'œil qui m'observe et écoute ce que je dis.

Je reste éveillée, la nuit, à réfléchir. Que dois-je faire ? Je n'ai parlé à personne de mon âge depuis que j'ai quitté Fairfield. Saurais-je encore parler à une fille ? Saurais-je de quoi lui parler ?

Constance et moi avions juré de rester meilleures amies toute notre vie, mais je suis sûre qu'elle m'a remplacée. Cela ne veut pas dire qu'elle m'a oubliée ; moi, je ne l'ai pas oubliée. Ce serait formidable de pouvoir de nouveau échanger des secrets avec quelqu'un. Alors que je regarde notre feu étoilé se transformer en braises, je décide d'être l'amie de Kolachuisen.

Aujourd'hui, en ramassant du bois, je lui fais signe et lui souris, et c'est comme si j'avais percé un tonnelet de cidre : un flot de paroles s'écoule et ne s'arrête plus.

« Tu aimes bien vivre ici ? me demande-t-elle en plissant le nez. Moi, je déteste l'Oyo Hoking. J'aurais voulu rester au bord de l'Allegheny. Il n'y a pas assez de monde ici. C'est trop désert... Est-ce que tu sais que Buckahelagas ronfle en dormant ?

Toutes les nuits, cet hiver, je l'ai entendu. On dirait un ours au fond d'une grotte. Je me disais : "Quoi ? Voilà mon futur mari ? Voilà le garçon auquel mes parents me destinent ? Il va falloir que je supporte ce ronflement toutes les nuits pendant le restant de ma vie ?" »

Elle pouffe de rire et jette un coup d'œil par-dessus son épaule.

« Ça ne me gênerait pas d'écouter Makiawip ronfler pendant le restant de ma vie... Tu ne trouves pas qu'il est beau ? Je suis sûre de l'avoir vu me regarder. »

Elle donne un coup de pied dans une racine d'arbre et fait la grimace.

« Mais il est promis à Tankawon. Elle n'est pas très jolie, selon moi. Qu'en penses-tu ? Son nez est tellement long qu'on dirait un opossum », ironise-t-elle en plissant de nouveau son nez à elle.

Et elle poursuit à voix basse :

« Tankawon n'appartient qu'au clan des Dindons... À quoi pensaient les parents de Makiawip ?... Et... »

Je l'interromps :

« Kolachuisen, s'il te plaît. Trop de mots. Ma tête me fait mal. »

Elle paraît blessée.

« Cela fait si longtemps que je n'ai pas parlé à

quelqu'un. J'attendais que tu apprennes notre langue et... que tu sois de nouveau heureuse. Pour que nous puissions être amies.

— Nous pouvons être amies. Moi aussi, je trouve que Makiawip est beau. »

Je lui prends la main.

« Merci pour tes cadeaux. J'ai tellement de questions à te poser. »

Elle sourit.

« Nous pouvons discuter tout le temps, maintenant. »

Elle se penche et me demande à l'oreille :

« Alors, avec qui tu veux te marier ?

— Quoi ?

— Tu as douze hivers, n'est-ce pas ? Comme moi. Encore deux hivers, et tu seras mariée.

— Je... je... »

Mes genoux se dérobent sous moi et je m'assieds sur le bord escarpé de la gorge. Kolachuisen se laisse tomber à côté de moi.

« Si tu ne choisis pas un garçon, c'est eux qui choisiront à ta place. Tu ferais mieux de commencer à regarder. Nous n'avons pas tellement de choix, en fait. Il paraît que d'autres Delawares nous rejoindront l'été prochain. À moins qu'on nous choisisse des maris wyandots ou shawnees.

— Un mari shawnee ? »

Mon sang se fige à cette pensée.

« Mais je ne serai plus là depuis longtemps quand j'aurai quatorze ans. Je serai rentrée en Pennsylvanie, et en sécurité. N'est-ce pas ? »

N'est-ce pas ?

Mon cœur se met à battre la chamade. Et si je suis mariée quand les hommes du roi viendront me délivrer ? Je n'y avais pas songé. Abandonnerai-je mon mari ? Ou mes enfants ? Je suis sûre que je ne pourrais pas faire comme Mrs. Stewart : remplacer une famille par une autre sans un regard en arrière.

Toute ma vie, j'ai entendu parler de captives qui refusaient de retourner chez elles. Leurs familles blanches appartiennent au passé, et leurs nouvelles familles à l'avenir.

Est-ce là la vie qui m'attend ? Un mari delaware, des wigwams, des robes en peau de bête, des enfants sauvages qui ne me ressembleront pas ?

Que se passera-t-il si j'amène ma nouvelle famille avec moi chez mes parents ? J'essaie de les imaginer avec un gendre delaware et des petits-enfants métis. Je vois mon père et ma mère assis à la table, le visage tourné vers le mur. Je vois mes enfants pleurer et demander à rentrer chez eux. Je me vois leur expliquer que c'est ici, chez eux.

Seul Dougal leur ferait bon accueil, tellement

l'idée d'avoir un beau-frère indien lui paraîtrait fantastique.

Pour ne pas connaître le même sort que Sammy Stewart, j'ai essayé de me diviser en deux. Et je n'ai présenté aux Delawares qu'une Mary douce et soumise comme un agneau. La vraie, je l'ai enfouie en moi en attendant de retrouver les miens.

Mais avec le temps, je me suis rendu compte que les Delawares préféraient la vraie. Moi aussi, d'ailleurs. Les agneaux sont doux et soumis, mais ennuyeux en vérité.

Oh, et puis tout est tellement confus – le vrai, le faux, la véritable Mary et l'agneau. Est-ce que la vraie et la fausse attendent d'être délivrées ? Est-ce que la vraie Mary ou la Mary soumise s'imaginent mariées à un Delaware ou même à un Shawnee ?

« Mary ? »

Kolachuisen me pince le bras.

« Tu ne m'écoutes pas.

— Kolachuisen... »

Comment lui expliquer que j'avais l'esprit à cent lieues d'ici ? Ou du moins en Pennsylvanie.

« Je n'ai jamais pensé au mariage.

— Quoi ?

— Non, c'est-à-dire... je n'ai jamais songé à me marier avec un Delaware. »

Je la regarde droit dans les yeux.

« Je ne pense pas très souvent à l'avenir. »

Elle ne répond pas mais m'observe en fronçant les sourcils. Je décide de changer de sujet.

« Kolachuisen, pourquoi n'y a-t-il pas d'autres filles de notre âge ? Parle-moi de la première petite-fille de Netawatwees Sachem. Combien d'hivers avait-elle ? À quoi ressemblait-elle ? Personne chez les Tortues n'évoque jamais son nom. A-t-elle fait quelque chose de mal ? »

Kolachuisen bondit sur ses pieds. Elle semble terrifiée.

« Nous ne parlons jamais d'eux, dit-elle en secouant la tête.

— *Keko windji ?* Kolachuisen ? »

Mais elle glisse déjà le long de la pente et court vers le sentier.

Le soir, alors que les Tortues parlent entre eux, mille questions se pressent et bouillonnent dans mon cerveau. Hormis mon retour chez moi, je n'ai guère réfléchi à mon avenir – c'est-à-dire à ma vie de femme. Et si je ne devais jamais être délivrée ? Que deviendra Mary Caroline Campbell ? Je ne suis certainement pas une Delaware, mais je me rappelle à peine être encore une Campbell. Qui suis-je ?

Je ne suis ni l'une ni l'autre, et je ne me suis jamais sentie aussi seule.

Œil Blanc et grand-père ont construit un auvent

le long de la façade sud de notre wigwam, celle qui est toujours exposée au soleil. C'est agréable de s'y asseoir, surtout le soir, et de regarder le soleil sombrer et la lune croître et décroître, monter et descendre.

Je ne vais pas me coucher quand grand-père, Œil Blanc et Petite Mésange rentrent dans le wigwam et se préparent pour la nuit. Hepte est encore debout, comme d'habitude. Elle est toujours la dernière à se retirer le soir et la première à se lever le matin.

« *Tonn*, dit-elle, tu es bien calme ce soir.

— Hepte, dis-je avec prudence, je voudrais te poser des questions. Pourquoi Kolachuisen et moi sommes les seules filles âgées de douze hivers ?

— Il y a eu une épidémie, me répond-elle, si doucement dans un premier temps que je crois avoir entendu le vent dans les pins, et non sa voix. Et celles qui ont quelques hivers de plus que toi sont déjà mariées. Il n'y a plus d'autres jeunes filles.

— Kolachuisen m'a parlé de mariage aujourd'hui. »

Hepte rit.

« Kolachuisen aime beaucoup parler.

— Elle dit que je me marierai bientôt.

— Tu veux te marier ?

— Un jour, oui, mais pas trop tôt, j'espère », dis-je avec une pointe d'angoisse dans la voix.

Je retiens ma respiration, car je vais découvrir ce que les Tortues ont décidé pour moi.

Hepte hoche la tête.

« Tu as encore beaucoup de temps devant toi avant d'être mariée. »

Je pousse un soupir.

« Tes paroles me soulagent. »

Elle étire une peau de lapin pour l'assouplir dans tous les sens, pendant longtemps. J'ai remarqué que ses mains étaient continuellement en mouvement : à remuer le contenu de marmites, à planter des graines, à tanner des peaux de bête, à coudre, tresser des cheveux, frotter des vêtements, balayer. Ses mains sont aussi musclées que celles d'un homme.

« As-tu d'autres questions ? m'interroge-t-elle.

— Parle-moi de ta fille, s'il te plaît, lui dis-je doucement.

— Son vrai nom est Wapashuiwi. C'est un petit chat sauvage blanc avec de la fourrure au bout des oreilles. »

Un lynx blanc. Je demanderai à grand-père si c'est bien cela.

Hepte continue :

« C'est toi qui as commencé à l'appeler Petite Mésange. Ce nouveau nom lui va très bien. Depuis, tout le monde l'appelle ainsi.

— Je pensais à ton autre fille.

— Tu voudrais que je te parle de toi ? » me demande-t-elle d'un ton espiègle.

Je ne connais pas leur mot pour dire « mort ». Je n'ai jamais entendu personne le prononcer.

« Non, je pensais à celle qui a porté les mocassins en premier.

— Nous ne parlons jamais d'eux, répond Hepte vivement.

— Pourquoi ? Qu'a-t-elle fait de si mal ? »

Elle paraît surprise.

« Elle n'a rien fait de mal, mais nous n'évoquons pas ceux qui ne vivent plus parmi nous.

— Est-ce qu'elle me ressemblait ? Comment s'appelait-elle ? Pour la remplacer, je dois savoir des choses sur elle.

— Tu la remplaces, *tonn*, répond-elle doucement. Tu es une bonne fille. Il est temps d'aller te coucher à présent.

— Tu ne peux rien me dire à son sujet ? Son nom ? Combien d'hivers elle avait ? Rien ? »

Hepte me prend par le menton et me regarde dans le fond des yeux.

« Tu la remplaces, tu l'as remplacée dans le cœur de tout le monde.

— Vous l'avez oubliée ?

— Bien sûr que nous ne l'oublierons jamais. Mais

tu as rempli l'espace vide qu'elle a laissé dans nos cœurs.

— S'il te plaît, parle-moi d'elle. Tout le monde la connaissait. J'ai besoin de savoir qui elle était. »

C'est difficile à expliquer, mais si je peux apprendre quelque chose d'important sur elle, je sais que j'apprendrai quelque chose d'important sur moi.

Hepte pose ses mains sur ses genoux.

« Je vais te répondre, dit-elle. C'était la première petite-fille de ton grand-père. Il l'adorait ! Lorsqu'il la regardait, son visage n'était qu'amour. Parfois, je vois ce même éclat dans ses yeux quand il te regarde.

« Elle est là, poursuit-elle en montrant la Voie lactée au-dessus de nos têtes. Les étoiles indiquent le chemin des âmes en route vers le paradis. »

Je demande timidement :

« Ta mère est là-haut aussi ?

— Oui. Elles sont ensemble, comme nous ici.

— Ce que j'ai appris ce soir a soulagé mon cœur. Je me sentais si seule aujourd'hui, si... partagée. À présent, ce sentiment a disparu. Merci de m'avoir parlé d'elle. Bonne nuit, Hepte. »

Elle me regarde de côté.

« Ne veux-tu pas m'appeler *gashes* ? La seule fois où tu l'as fait, c'est parce que tu voulais que je te laisse aller retrouver Mrs. Stewart. »

Elle guette ma réaction.

Pourquoi ne l'appellerais-je pas *gashes* ? Elle a tant fait pour moi, je peux bien lui accorder cette faveur ; cela la rendrait si heureuse. Et puis, ce ne sont pas les mêmes mots, *gashes* et « mère ». Je ne trahirais même pas ma propre mère.

« *Ga... ga...,* dis-je avant d'éclater en sanglots.

— Tu dois l'aimer beaucoup, et elle doit te manquer, murmure Hepte.

— Je l'aime plus, bien plus qu'elle ne m'aime », dis-je entre deux hoquets.

Hepte me prend dans ses bras.

« Aucune fille n'aime plus sa mère que sa mère ne l'aime, dit-elle. Va te coucher, à présent. »

Le lendemain soir, tous les hommes du camp se rassemblent. Leur visage est sombre. L'homme qui transportait la poudre à canon dans un sac est tombé dans la rivière. Le sac a coulé au fond de l'eau. Les garçons de la Lune d'Hiver ont aussitôt plongé, désireux de prouver leur force et leur talent en natation. Ils sont remontés les mains vides.

Cela signifie que les hommes doivent retourner chez Sequin pour racheter de la poudre. Je supplie grand-père de me laisser les accompagner.

« *Muxomsa*, dis-je, j'aimerais voir Mrs. Stewart. »

Il secoue la tête d'un air agacé.

« Pourquoi veux-tu aller voir cette femme aigrie et haineuse ?

— S'il te plaît. Je voudrais savoir si elle est heureuse.

— Et si elle ne l'est pas ?

— *Tonn*, intervient Hepte, quand Sequin te reverra, il risque de penser qu'il n'a pas fait une si bonne affaire en échangeant Mrs. Stewart contre des mousquets. Il se fâchera et augmentera ses tarifs.

— S'il te plaît, *muxomsa*.

— Ne pense pas à elle, déclare-t-il en agitant la main avec impatience. Parle-moi d'autre chose.

— De la poudre à canon, alors. Ce matin, quand le sac est tombé à l'eau, nous voulions tous savoir ce qui était arrivé, de la même manière que nous aimons connaître la fin d'une histoire. Ce qui est arrivé à Mrs. Stewart, c'est comme ne pas connaître la fin d'une histoire. Je ne connais pas le mot en unami mais, en anglais, on dit “curieux”. Connais-tu ce mot, *muxomsa* ?

— Je connais ce mot. Tu es sûre qu'il ne s'agit que de cela ? De curiosité ?

— Oui.

— Mrs. Stewart fait partie de ces gens qui ne sont jamais heureux. Nous lui avons donné une nouvelle maison, un nouvel époux, la possibilité d'avoir de nouveaux enfants. Malgré cela, elle n'était pas heureuse. Nous n'aurions jamais dû l'emmener avec nous, ou alors nous aurions dû la tuer en chemin. »

Je pense à toutes les fois, au début de ma captivité, où je pleurais avant de m'endormir. Je lui demande avec inquiétude :

« M'auriez-vous tuée, moi aussi ?

— Nous en avons discuté.

— Père ! » s'écrie Hepte.

Elle se tourne vers moi.

« Tu es une bonne fille et tu es très jolie. Nous craignons que Sequin exige de t'avoir.

— Mais s'il est heureux avec Mrs. Stewart, il n'augmentera pas ses tarifs. Il se peut même qu'il les baisse. S'il te plaît, grand-père. Vous avez besoin d'une femme pour transporter la nourriture. »

Il contemple le feu d'un air songeur. Je retiens mon souffle en attendant sa décision.

« Très bien. Tu peux venir avec nous. »

Je pousse un soupir.

« Est-ce que je pourrai parler anglais avec Mrs. Stewart ?

— Oui. Mais si elle n'est pas heureuse, je ne veux plus t'entendre prononcer son nom. »

12

Changements

Trois jours plus tard, nous nous mettons en route pour le comptoir de Sequin. Hepte me conseille de me laver le visage et les mains dans la rivière avant de me présenter devant Mrs. Stewart. Elle me le dit deux fois, puis me le rappelle encore. À mon avis, elle ne veut pas que Mrs. Stewart me voie les mains et le visage sales. Elle ne veut pas qu'elle pense que Hepte ne prend pas bien soin de moi.

Avant notre départ, Petite Mésange sort en courant du wigwam avec ma poupée.

« Elle va se sentir seule, dit-elle en la glissant dans ma main.

— *Kamis*, Petite Mésange, je te la confie. »

Je lui rends la poupée. Les yeux brillants, elle la presse contre sa joue.

Une fois au pied de la falaise, nous suivons la rivière en direction du nord, vers la maison de Sequin.

Les arbres ont revêtu leur parure des premiers jours de septembre – les feuilles sont d'un vert dense avec de petites touches dorées à l'extrémité. Le matin, l'air est encore frais, et les soirées sont merveilleusement claires. De jeunes sassafras tapissent le sol de la forêt. Dans la lumière tamisée par le feuillage, nous apercevons des biches et des faons qui broutent l'herbe des clairières. Dès qu'ils nous voient, ils s'éloignent en bondissant, effrayés, la queue blanche des mères étincelant entre les arbres comme des cornouillers en fleur pris dans la brise.

Nous nous arrêtons pour nous baigner à un endroit où la Cuyahoga s'écoule paisiblement. La fraîcheur de l'eau sur ma tête et ma nuque brûlantes est incroyablement agréable.

Je suis la dernière à sortir de la rivière. Les hommes, qui ont hâte de repartir, me jettent des regards mauvais. Ils fulminent parce que je mets trop longtemps à me rhabiller ; bientôt, la nuit tombera et la route est encore longue. Je leur explique

que j'ai du mal à attacher mes lanières et à enfiler une tunique trop petite. Ils maugréent de plus belle. Aucun ne propose de m'aider.

Ils me font penser à mon père – distant, égoïste, toujours pressé et soucieux de régler des choses importantes avant le coucher du soleil.

Je remarque de drôles de buttes auxquelles je n'ai pas prêté attention la première fois que nous avons longé la Cuyahoga. Elles ne sont pas très hautes – pas plus d'une dizaine de mètres. Je serais capable d'en faire le tour en une minute ou deux. Toujours groupées par deux ou trois, elles s'élèvent assez loin du lit de la rivière, mais pas trop, de sorte que je les distingue entre le feuillage.

« *Muxomsa*, ces buttes sont bizarres, dis-je en les montrant du doigt.

— Ce ne sont pas des buttes, mais des tumulus. D'anciennes tribus, que nous appelons les Talegas, y enterraient leurs morts avec leurs bijoux, leurs armes, et leurs ustensiles de cuisine : des objets dont ils auraient besoin dans l'autre monde. Plus le tumulus est élevé, plus la personne était importante.

« Autrefois, les Delawares portaient le nom de Lenapis. Ils se sont farouchement battus contre les Talegas. Ils se disputaient le territoire de l'Oyo Hoking. Les Talegas ont gagné la guerre. Aussi les Lenapis n'ont-ils eu d'autre choix que d'émigrer vers l'est. Nous sommes à présent dans l'Oyo Hoking, mais les Talegas ont disparu depuis longtemps.

— Y a-t-il encore des Talegas sous ces tumulus ? Et leurs os aussi ? Existaient-ils à l'époque des *yah-qua-whee* ?

— Peut-être. »

Dès que nous croisons de nouveaux tumulus, je me précipite vers l'un d'eux et y pose mes mains. De petits arbres pointent ici et là. Le bas est criblé de terriers, probablement de marmottes ou peut-être même de blaireaux. Je regarde à l'intérieur du plus gros, dans l'espoir d'apercevoir des ossements humains.

« Vous avez vu les éléphants, dis-je doucement en anglais. Qu'en avez-vous pensé ? »

Nous atteignons le magasin de Sequin le troisième jour, en début d'après-midi. La première surprise qui nous attend est une vache dans le pré, devant la maison. Les pattes avant entravées, elle broute placidement et se contente de relever la tête d'un air las tandis que nous montons les marches de la véranda.

Nous entrons. Je reste figée sur place en parcourant la pièce du regard, la bouche si grande ouverte que j'ai l'impression que ma mâchoire va cogner contre mes genoux. Tout brille comme un sou neuf. Le sol est balayé. Les marmites en cuivre, accrochées au-dessus de la cheminée, captent les reflets du feu et chatoient. La pièce n'est plus encombrée de linge sale, et le plancher jonché de boulettes de tabac séchées.

Les jolis meubles français ont été passés à la cire et brillent ; les carreaux sont reluisants de propreté, les miroirs étincellent à la lumière du soleil. J'examine de plus près les fenêtres. Elles sont habillées de rideaux en dentelle !

Dans une marmite suspendue au-dessus de l'âtre, un mets délicieux cuit à gros bouillons. Des miches de pain toutes chaudes reposent sur la table, à demi enveloppées dans des torchons de lin. L'odeur du pain frais est divine et me fait saliver. Une jeune femme apprêtée et vêtue d'une robe en dentelle rose lève les yeux du plat qu'elle est en train de préparer pour nous regarder.

« Mary ! Quelle bonne surprise ! C'est si gentil à toi d'être venue.

— Mrs. Stewart ?

— Oh, non, ne m'appelle pas comme ça, chérie », s'empresse-t-elle de dire.

Elle court vers moi et m'embrasse sur la joue.

« Vous sentez la rose. Comme le savon.

— Appelle-moi Mrs. Sequin, murmure-t-elle à mon oreille. Laisse-moi te regarder. »

Tandis qu'elle m'examine, je l'observe, bouche bée. Ses yeux bleus brillent sous sa chevelure blonde et bouclée retenue par un élégant peigne en écaille. Sa robe en dentelle est du même rose que ses joues. Elle sourit et ne m'a jamais paru plus heureuse, même quand nous habitions en Pennsylvanie.

« Comme tu es jolie, Mary, dit-elle. Tu es en train de devenir une très belle jeune fille. Ta mère serait si contente si elle te voyait. »

À côté de ses fanfreluches, je me sens pauvrement mise dans ma robe en peau de daim, mes jambières et mes mocassins. Des mèches se détachent de mes nattes et ma peau est aussi brune que du cuir. J'ai chaud, je suis toute poisseuse, et mes vêtements sentent la fumée.

« Vous avez l'air tellement... tellement différente dans cette élégante robe française », dis-je en bafouillant.

Je jette un coup d'œil à grand-père et aux autres hommes. Eux aussi paraissent stupéfaits.

Mrs. Stewart se redresse et le regarde droit dans les yeux. Elle m'attire à elle et glisse un bras autour de mes épaules.

« Netawatwees, mon mari se trouve sous la véranda », déclare-t-elle sèchement.

Elle se détourne et appelle :

« François ! si fort que nous sursautons tous. François ! Des clients ! »

Sequin entre aussitôt. À présent, c'est lui que nous dévisageons. Sa chevelure aussi épaisse que le pelage d'un ours est tirée en arrière et sa barbe a disparu. À la place d'une peau de daim sale, il porte une chemise et des hauts-de-chausses impeccables. Et, miracle des miracles, des bas et des chaussures propres.

Mrs. Stewart le foudroie du regard et il passe en vitesse derrière le comptoir. Il me jette un coup d'œil, puis baisse rapidement la tête.

« Puisque les hommes sont occupés à leurs affaires, allons dehors, Mary. As-tu admiré la vue que nous avons du lac ? C'est tout à fait charmant. »

Elle attrape une ombrelle rose posée sur une étagère encombrée de marchandises, et nous sortons par la véranda.

Nous marchons le long de la plage, rafraîchie par la brise du lac. L'eau limpide, d'un bleu-vert délicat, me fait penser aux bocaux remplis de bonbons sur le comptoir de Sequin.

« Grand-père a accepté que je les accompagne pour vous voir. Je voulais m'assurer que vous étiez heureuse. »

Mrs. Stewart ne répond pas. Le visage à l'abri du

soleil sous l'ombrelle, elle marche d'un petit pas gracieux sur le sable blanc comme du sucre. Des bottines en peau de vachette la protègent des vaguelettes. Je retire mes mocassins et laisse l'eau fraîche balayer mes pieds. C'est agréable. Des algues s'emmêlent autour de mes chevilles. Je ramasse des coquillages avec mes orteils.

« Il a dit qu'heureuse ou pas, je devais vous oublier. »

Elle fronce les sourcils.

« Ça ne m'étonne pas de ce vieux Netawatwees.

— C'est leur roi, Mrs. Stewart. Je n'ai jamais rencontré quelqu'un d'aussi sage. Il est même allé dans une école de garçons à Philadelphie. »

Elle soupire et me serre contre elle.

« Appelle-moi Mrs. Sequin, Mary. Ou Mme Sequin. »

J'essuie la sueur de mon front avec ma manche.

« Mrs. Sequin, avez-vous déjà nagé dans le lac Érié ?

— Nager ! s'exclame-t-elle en me dévisageant. Tu es en train de devenir une vraie petite Indienne, Mary. Ta peau est aussi noire que la leur.

— J'ai travaillé dans notre jardin. Vous deviez avoir un potager, dans le New Jersey ou en Pennsylvanie. »

Mrs. Sequin contemple les vagues qui roulent vers

le rivage, une expression étrange sur le visage. Je m'en veux d'avoir mentionné son potager. Je suis sûre qu'elle ne veut plus penser à son ancienne maison.

« Je suis heureuse, Mary, mais c'est un bonheur différent. Parfois, je me réveille le matin, et je n'arrive pas à croire que ce soit là mon existence. Comment ai-je pu acquérir la force de vivre cette vie ? Mais la force est ici, en moi. Peut-être y a-t-elle toujours été.

— Qui sait si la force dont nous avons besoin n'est pas celle qui est en nous ?

— Quelle curieuse chose tu viens de dire, Mary. Je vais te confier un secret. Même François n'est pas au courant. Je vais avoir un bébé, l'hiver prochain. Je l'appellerai Samuel ou Samantha, en souvenir du petit Sammy. Lui n'a pas eu le temps de laisser sa trace en ce monde. Il n'y a rien de plus triste.

— Je me souviens de lui. »

Je ne précise pas que je me rappelle surtout ses pleurs et ses cris incessants.

Elle m'embrasse à nouveau.

« Bien sûr que tu te souviens de lui, ma chérie.

— Où avez-vous trouvé toutes ces jolies choses ?

— François n'est pas qu'un simple négociant, Mary. Il est plus une sorte de... d'ambassadeur, l'ambassadeur français auprès des Indiens. Cette robe et une dizaine d'autres étaient rangées dans des malles, tu t'imagines ? Des robes qui viennent de Paris ! Bien sûr, les femmes indiennes ne sauraient apprécier pareilles toilettes. Moi, je sais. »

Elle a pris en main son commerce. Toutes ces choses qu'il était censé vendre, elle se les est appropriées.

« Et la vache ?

— Nous l'avons depuis le début de l'été. Un cadeau du gouverneur de Montréal – Pierre de Rigaud, le marquis de Vaudreuil-Cavagnal. »

Elle fait sonner le nom avec tant d'aisance, je devine qu'elle s'est entraînée.

« Il s'est passé beaucoup de choses, Mary. En septembre dernier, alors que nous marchions en direction de la Cuyahoga, le général marquis de Montcalm a cédé au général Wolfle les plaines d'Abraham, près de la ville de Québec. Est-ce que tu comprends ce que cela signifie ? »

Je secoue la tête.

« Cela signifie que la guerre est finie et que les Français ont perdu ! Ils ont abandonné le Canada aux Anglais. Tout le Canada nous appartient désormais. Les Français se préoccupent à présent de leurs terres à l'ouest. Le gouverneur nous a offert de la très jolie vaisselle en porcelaine de Chine et de l'argenterie, aussi, quand il a appris le mariage de M. Sequin. »

Je manque de m'écrier : « Il s'est marié ? », mais je me retiens juste à temps.

« Le gouverneur espère prouver avec ce comptoir que les Français ont plus de droits sur ces terres que les Anglais.

— Mais l'Ohio appartient aux Anglais, n'est-ce pas ? Un jour, les hommes du roi viendront nous délivrer. »

Mrs. Stewart contemple de nouveau le lac. Son ombrelle s'agite et tremble dans la brise.

Le *succotash* est un plat de fèves et de maïs cuits ensemble mais, même affamée, j'ai toujours laissé les fèves. La délivrance serait comme une assiette de *succotash* – avec le maïs et les fèves, le bon et le mauvais mélangés.

Quelle serait ma réaction si, en me retournant, je voyais, là, devant moi, des soldats sur la plage ? Ils me diraient : « Nous sommes venus pour vous délivrer. À votre service, Miss Campbell », et s'inclineraient profondément.

Je partirais avec eux. Bien sûr que je les suivrais. Ma place n'est pas ici.

Puis je revois le visage de Petite Mésange, tout illuminé de plaisir quand je lui ai donné ma poupée.

« Je ne sais pas à qui appartient cette terre, Mary.

C'est tellement compliqué. Quand as-tu bu un verre de lait pour la dernière fois ?

— Il y a très longtemps.

— Reste dîner. Restez tous dîner. Je vais organiser une réception en votre honneur. Mais je refuse que l'on parle une autre langue que l'anglais sous mon toit. Je ne veux entendre ni français ni cet affreux charabia indien.

— Une réception ! Auriez-vous par hasard un thé qui s'appelle du *pekoe* ? Ma mère en servait toujours pour les grandes occasions. »

Elle me sourit.

« Moi aussi, je sers du *pekoe* pour les grandes occasions. »

Je lui demande tout à coup :

« Croyez-vous que Satan vit... ici, dans l'Ohio ? Que la tentation nous a conduites dans cette contrée sauvage ? »

Mrs. Stewart me prend le bras.

« Te sens-tu exposée à la tentation, Mary ?

— J'ai l'esprit confus, je ne sais plus où j'en suis. Si nous devions être sauvées aujourd'hui, je penserais aux Tortues avec affection pendant le restant de ma vie.

— Ce sont des sauvages qui vénèrent des dieux étranges et croient qu'une tortue, et non la grâce du Seigneur, porte le monde. Ce sont des créatures de l'enfer. Je le sais, à cause de ce qu'ils nous ont fait. Et de ce qu'ils ont fait à Sammy.

— Pourtant, je me sens plus proche d'eux que de ma propre famille. Comment est-ce possible ? La confusion, c'est cela la tentation, n'est-ce pas ? "Un esprit confus s'ouvre à la tentation", c'est ce que le pasteur Mainwood m'a appris. »

Elle me regarde longuement avant de répondre :

« Le fruit défendu ne ressemble pas toujours à une pomme, Mary. Il peut prendre la forme d'une robe indienne ou t'amener à oublier de dire tes prières le soir. À te détourner de ce que tu es.

— Mrs. Stewart, pensez-vous que nous serons délivrées, un jour. Le pensez-vous vraiment ? »

Elle ferme sa paume autour de mon menton.

« Je n'ai jamais cessé d'y croire.

— Je ne veux pas oublier qui je suis. Je n'ai pas oublié non plus mes prières du soir. »

Même si je doute que Dieu m'écoute encore.

Mrs. Stewart – je veux dire Mrs. Sequin – m'observe, les bras croisés sur la poitrine et les sourcils levés.

« Je vais insister pour que tu restes avec nous. Qu'est-ce que ta mère penserait de moi si elle savait que je t'ai laissée partir avec des sauvages ?

— Je ne peux pas rester, dis-je aussitôt. Sequin

voulait m'obtenir en échange de mousquets. Grand-père vous a donnée à ma place. »

Elle blêmit et me dévisage d'un air choqué. Puis, d'un geste preste, elle remet ses cheveux en place et lisse sa robe en soie.

« Je ne voulais pas vous l'avouer. Je suis désolée, dis-je dans un murmure.

— C'est absurde, réplique-t-elle vivement. Nous dînerons après ton bain et je te coifferai pour ma réception.

— Est-ce que je peux nager ?

— Tu prends un bain, Mary. Prendre un bain est tout à fait différent. Je vais aller te chercher du savon. »

Une fois Mrs. Sequin partie, je me déshabille et laisse mes vêtements sur la plage. En sautant dans les rouleaux, je remarque que ma peau est aussi brune que celle d'une Delaware.

Mrs. Sequin m'observe par la porte de derrière. Je lui fais signe et elle me répond, mais son visage exprime la colère et la tristesse, comme si elle avait perdu quelque chose de précieux.

Sequin s'installe à une extrémité de la table, son épouse à l'autre. Nous commençons le repas par un potage aux champignons, à la crème et aux échalotes. Puis nous mangeons de la truite grillée, du pain chaud, avec du beurre et de la confiture de myrtilles, du gibier, des pommes de terre et des carottes enrobées de mélasse. Pour le dessert, il y a du gâteau aux pommes et aux noix, avec de la crème et du thé *pekoe.*

Tout est si délicieux que je ne peux pas m'arrêter de manger.

Je ne peux pas m'arrêter non plus de contempler les assiettes en porcelaine, décorées de jolies dames en robe rose, avec des bouquets de fleurs bleues à la main. Les couverts en argent pèsent lourd. Un service à thé, également en argent, brille sur le buffet. Des serviettes en lin blanc ornent la place de chacun. Des verres en cristal fin, au nombre de deux par invité, contiennent du vin français (moi, j'ai du lait) et de l'eau.

Le milieu de la table est occupé par un chandelier en argent supportant des bougies blanches comme de la neige. Notre défunte reine Caroline a-t-elle jamais dîné à une table aussi élégante ?

Mrs. Sequin est rayonnante, elle est si heureuse.

« Le gouverneur de Montréal est un homme malin », me dis-je soudain. Sequin a l'air aussi aimable qu'une porte de prison, mais si sa femme aime à croire qu'elle est l'épouse d'un ambassadeur (et possède toutes les richesses qui vont avec la fonction), elle l'empêchera de rentrer chez lui. Et cela donne aux Français un net avantage sur les Anglais ici.

J'essaie de me rappeler les bonnes manières : les coudes le long du corps, le dos droit sans qu'il touche le dossier de la chaise, la main gauche sur les genoux. Je m'essuie délicatement la bouche avec ma serviette, lisse comme de la crème. Je n'oublie pas de ne parler que lorsqu'on m'adresse la parole.

Ce n'est pas trop difficile ; j'ai tellement honte de ma tenue. Je n'ai pas pensé à emporter ma nouvelle robe. Celle en peau de daim m'irrite à cause du sable de la plage, et elle est trop étroite aux épaules et aux cuisses. Mes jambières ont des trous aux genoux.

Toute cette splendeur m'intimide aussi, au point que je n'ose prononcer un mot. Chaque fois que je bois, j'ai peur de casser mon verre avec mes dents. On dirait qu'il est en coquille d'œuf tellement il a l'air fragile. Je ne me risque pas non plus à attraper la salière, de crainte de faire tomber une bougie et de mettre le feu à la nappe en lin.

Mrs. Stewart cherche à engager la conversation avec moi en me parlant du temps, mais tout ce que je suis capable de faire, c'est manger et observer. Elle a relevé mes cheveux en chignon, et j'ai la tête lourde et raide. Les épingles me rentrent dans le crâne. J'ai oublié combien il faut souffrir pour être belle.

Je n'ai rien à lui dire – rien dont je pourrais parler en présence de grand-père, en tout cas. Il y a tellement de sujets défendus : la Pennsylvanie, le Connecticut, Sammy, le nouveau bébé, Sequin, moi qui suis avec le clan des Tortues et non avec elle, et pourquoi.

Soudain, son bonheur facile me met en colère. C'est une insulte à grand-père, et aux longs mois durant lesquels il nous a protégées. Ce n'est pas de sa faute si nous avons dû aller dans l'Ohio et passer l'hiver dans une grotte. Ce n'est pas de sa faute s'il n'y avait jamais assez à manger. Il a fait de son mieux.

Elle n'a pas accordé un seul regard à Sequin de toute la soirée, et lui a encore moins adressé la parole. Tout ce qu'elle veut, c'est le confort et le luxe qu'il peut lui fournir.

Sequin mange lentement et en silence. La tête baissée, il semble être rentré en lui-même, et boit verre de vin après verre de vin.

J'ai toujours pensé que Mrs. Stewart et moi étions semblables, que nous étions malheureuses pour les mêmes raisons. C'est faux. Nous ne nous ressemblons pas. À présent qu'elle a remplacé ce qu'elle a laissé derrière elle, elle est de nouveau heureuse.

Bien sûr, des tas de choses me manquent – la luge de notre voisin, les pierres chaudes dans l'âtre les nuits d'hiver, la bonne chère, mon lit douillet dans le Connecticut.

Mais les êtres humains me manquent bien plus que les objets. La façon dont mon grand-père Campbell m'appelait « Marrah », comme s'il avait avalé de travers. Ma tante Orpah, avec qui je faisais cuire du pain tous les vendredis. Constance, avec qui, l'hiver, j'allais faire du patin à glace sur le détroit de Long Island, et parfois même jusqu'à Fayerweather Island. Et, bien sûr, mes parents et mon frère.

On peut remplacer les objets, pas les gens.

« Qu'est-ce que tu fais ici, alors, Mary ? Tu as été emmenée il y a un an pour remplacer une fille qui était morte. On t'a acceptée telle que tu étais. Tu te trompes. On peut remplacer les gens. »

On peut les remplacer, peut-être, mais pas les oublier. Jamais.

Je dors au coin du feu sur un divan en satin rouge merveilleusement confortable. Les chuchotements acerbes de Mrs. Stewart me réveillent.

« Comment avez-vous pu penser à une chose pareille ? C'est une enfant, un bébé.

— Madame... »

Sequin parle si vite et d'une voix si caverneuse que je n'arrive pas à savoir si c'est du français ou de l'anglais.

« Vous êtes des gens dégoûtants, dégoûtants...

— Madame...

— Pires que les sauvages, bien pires.

— Madame, ce bébé comme vous dites, vous allez finir par le réveiller. »

Dans un bruissement de couvertures, Mrs. Sequin se retourne et donne un coup de poing dans son oreiller.

« Dégoûtants. »

13

Le déluge

Nos cultures poussent à merveille ; le maïs est presque aussi haut que moi. Mon père disait toujours qu'au 1er juillet, le maïs devait atteindre la hauteur des genoux, aussi j'en conclus que l'été arrive à son terme. De toute façon, ça sent la fin de l'été.

À présent que je ne sais plus quel jour nous sommes, je dois avoir recours à d'autres moyens pour estimer l'écoulement du temps. Le chant strident des rainettes s'éteint un peu plus tôt chaque soir. Les ratons laveurs et les marmottes sortent au milieu de la journée et se goinfrent sans vergogne de moules d'eau douce, de glands, de mûres, de groseilles à maquereau d'un vert laiteux afin d'engraisser avant l'arrivée de l'hiver. Les ombres s'allongent de jour en jour. Les journées sont encore chaudes et moites, mais les nuits fraîchissent.

Le sumac vénéneux, qui s'enroule autour des chênes et des noyers, prend des teintes écarlates. Dans le Connecticut, cela signifie la fin du mois d'août et les premiers jours de septembre. Je vis avec grand-père, Hepte, Œil Blanc et Petite Mésange depuis plus d'un an.

Nos potirons et nos courges sont de la taille de mes poings. Tous les matins, j'admire le maïs dans notre jardin, comme Kishelemukong autrefois. Dans le coin le plus ensoleillé, les épis grossissent plus vite, et certains ont déjà été cueillis et grillés.

Nous avons tous eu droit à quelques grains. Ils étaient tendres et doux, et craquaient sous mes dents, en emplissant ma bouche d'un jus plus sucré que celui de la pomme.

Un soir, il se met à pleuvoir à verse. Toute la nuit et la journée du lendemain, la pluie ne cesse pas. Nous restons à l'abri et entretenons nos feux étoilés qui sifflent et crépitent. Vers la fin de l'après-midi, Œil Blanc sort et pose une peau de lapin sur le trou d'aération ménagé au sommet du wigwam. Bientôt, la fumée nous pique les yeux et nous prend à la gorge.

Notre village se creuse de mares peu profondes où les enfants s'amusent à s'éclabousser. Petite Mésange veut aller jouer dans l'une des flaques d'eau. J'offre de la surveiller, juste pour échapper à l'atmosphère enfumée du wigwam. Les adultes passent la tête par le rabat des portes et examinent le ciel d'un air inquiet.

La femme qui porte le pot en pierre va de feu étoilé en feu étoilé et remplit son récipient de charbons ardents.

Le soir, l'eau s'infiltre à l'intérieur des wigwams. Les hommes creusent des rigoles autour des tentes afin d'empêcher que la pluie ne pénètre davantage. Puis, pour la même raison, ils creusent une longue tranchée autour du village. La pluie, elle, continue de tomber.

Nous restons éveillés toute la nuit, incapables de dormir tant nous sommes anxieux. Il pleut toujours. Cela fait deux nuits et une journée qu'il pleut sans discontinuer.

Dès les premières lueurs de l'aube, Hepte me secoue par les épaules. Je me redresse. Elle tient à la main les deux omoplates d'élan que nous avons utilisées en guise de binettes et de pelles. Elle m'en tend une et m'aide à me lever.

Nos cultures sont pratiquement inondées. Seul le haut des potirons et des courges dépasse. Tout le monde creuse de nouvelles rigoles autour des jardins. À mesure que l'eau dormante s'y infiltre, nous creusons de plus belle. La terre est saturée, détrempée. Et la pluie incessante.

Aux bords des jardins, les tiges de maïs, couchées dans la tranchée comme des arbres abattus, sont emportées par le courant. Nos belles rangées de légumes se transforment en boue.

Tant de travail ! Notre nourriture pour l'hiver ! Nous creusons avec acharnement, mais la pluie, implacable, tombe de plus en plus dru.

J'entends la Cuyahoga gronder comme une bête sauvage au loin.

Le ruisseau qui divise nos jardins en deux doit couler sous terre, à présent ! Cela m'en rappelle un autre, qui serpentait au milieu d'un autre champ de maïs.

Dans le Connecticut, un fermier avait creusé des rigoles qui partaient d'un ruisseau et gagnaient son champ. Toute la ville pensait qu'il était tombé sur la tête, mais il produisait le meilleur maïs de Fairfield, et les premières récoltes.

Constance et moi avions grimpé dans un pommier qui dominait son champ. Les canaux qui l'irriguaient évoquaient les branches d'un arbre géant couché sur la terre.

Je patauge avec frénésie jusqu'au milieu de notre jardin. Le ruisseau est caché, sous l'eau stagnante.

Je me souviens que les tiges de maïs en bordure du lit étaient plus hautes parce qu'elles recevaient davantage d'eau. Je finis par les trouver, puis je repère la rigole la plus proche. Je commence à creuser un canal entre le ruisseau et la rigole. Je dégage la boue avec mes mains nues. Plus j'en sors, plus il en rentre. La pelle taillée dans l'omoplate d'élan ne m'est pas d'une grande utilité. La pluie tombe si fort qu'elle me cingle le visage et coule dans mes yeux.

Nous mourrons de faim sans maïs ni légumes. Nous en consommons à tous les repas. Même les vieux édentés et les bébés se nourrissent d'une sorte de bouillie de maïs, mélangée avec de l'eau et de la farine de gland. Le maïs nous est indispensable pour vivre. Je continue de creuser.

Tout un coin de notre jardin est complètement dévasté. Des tiges, des feuilles et des potirons flottent au gré du courant boueux, tels les bras, les jambes et les visages de noyés.

Je redouble d'efforts. Ma pelle se casse en deux. J'essaie d'utiliser les morceaux pour protéger un pied de maïs, mais ils sont emportés par les torrents d'eau.

Je creuse de nouveau, les mains nues, repoussant la terre détrempée aussi vite que l'eau s'écoule à l'intérieur et la remplace. Mes paumes et l'extrémité de mes doigts sont en sang. Je vois flou à cause de la pluie qui ruisselle sur mon visage. Je sors des pierres et des cailloux de la boue, et les jette sur les bords de mon canal dans l'espoir de créer une digue. Je repousse la terre avec tant de violence que je glisse à plusieurs reprises.

Mes cheveux couverts de boue pèsent lourd sur ma nuque. De la boue coule sur mon front et entre dans mes yeux et ma bouche. Je pleure, même si je sais que pleurer ne sert à rien. C'est encore de l'eau, et nous n'en avons pas besoin !

Le tonnerre gronde si fort que j'ai l'impression qu'il roule dans mes os. Au-dessus de la gorge, le ciel meurtri, zébré d'éclairs, est teinté de pourpre et de jaune. Je sens une odeur de fumée et je vois de longues langues de feu jaillir d'arbre en arbre. Comment peuvent-ils être en feu sous cette pluie diluvienne ?

Un vent puissant, venant de l'ouest, fait s'élever les flammes de plus en plus haut. Je me redresse juste à temps pour apercevoir à l'horizon un nuage noir en forme d'entonnoir ; il se tord comme un immense serpent, la cime des arbres en feu tourbillonnant dans son sillage. Le vent soulève mes cheveux de mes épaules. L'espace d'un instant qui me terrifie, mes pieds et mes genoux ne touchent plus terre.

Une tornade.

Elle passe en grondant, mais je continue de creuser.

Enfin, mon canal relie la rigole au ruisseau. L'eau dévale autour de mes jambes à gros bouillons tandis que le canal se remplit. À mesure que l'eau s'engouffre, des torrents s'écoulent par-dessus la falaise, emportant avec eux des morceaux de jardin.

Le vent et la pluie se calment un peu. J'entends les autres appeler à l'aide. Kolachuisen sanglote, assise par terre, impuissante, misérable, couverte de boue de la tête aux pieds.

Les rangées de légumes au bord de la falaise ont été arrachées mais, par miracle, les jardins commencent à s'assainir. Là où tout n'était que monticules submergés et mares d'eau stagnante, les potirons et les courges dépassent du sol détrempé et de la boue. Les uns après les autres, nous cessons de creuser.

Je me relève tant bien que mal et regarde autour de moi. Il fait presque nuit ; nous avons creusé sans nous arrêter depuis l'aube.

La lune brille sur l'eau ; la pluie qui ne tombe plus que par intermittence crible son reflet de petits trous. Quelques étoiles percent entre les nuages qui courent dans le ciel.

Qu'est-il arrivé aux arbres embrasés ? Je ne vois plus aucune flamme. La pluie a dû éteindre les feux, mais quand ?

Je regarde mes doigts. Ce ne sont plus que des lambeaux de chair ; mes ongles ont presque tous été arrachés. Du sang dégouline de mes mains sur la terre détrempée. Alors seulement, je ressens la douleur : brûlante, lancinante, jusque dans les coudes et les épaules. Je titube en gémissant jusqu'à notre wigwam, les mains en l'air. Cela m'empêchera peut-être de me vider de mon sang.

« Hepte ! Hepte ! »

Elle accourt aussitôt et examine mes mains au clair de lune. Le sang coule le long de mes bras comme des traînées poisseuses de mélasse.

« *Tonn* », dit-elle doucement.

À sa voix, je sens qu'elle a peur et qu'elle est épuisée.

« Il faut tremper tes mains dans de l'eau et des herbes médicinales, mais tous mes récipients contiennent de la nourriture séchée. Je dois en vider un. Suis-moi. »

Elle me porte à moitié sur le restant du chemin. Je m'installe sous l'auvent, le dos appuyé contre le wigwam.

« Qu'est-il arrivé à ta pelle ? me demande-t-elle.

— Cassée, cassée. La douleur...

— Tu aurais dû venir me voir. Je t'aurais donné quelque chose pour creuser. »

Œil Blanc s'assoit à côté de moi et prend mes mains dans les siennes. D'autres personnes se tiennent autour de notre auvent et regardent mes doigts meurtris.

« Elle a creusé les mains nues ! dit Hepte à son époux. Sa pelle s'est cassée. Notre fille a creusé plus qu'aucun autre, et les mains nues ! J'ai besoin d'un récipient, une marmite, n'importe quoi pour qu'elle y trempe ses doigts. Est-ce que tu peux me trouver quelque chose ?

— Je vais chercher un bol », répond Œil Blanc.

Une femme à qui je n'ai jamais adressé la parole se fraie un passage jusqu'à moi. Elle semble gênée en tendant le bol de ma grand-mère, avec les roses peintes au fond.

« C'est à toi, dit-elle, avant de se retirer aussitôt.

— Le bol écossais de ma grand-mère », dis-je, stupéfaite.

En anglais. Je suis trop fatiguée pour penser en unami, et pour m'en soucier.

« Je croyais qu'il avait disparu. »

Hepte y plonge mes mains et verse de l'eau. Je pousse un gémissement tant la douleur est forte. Je saigne abondamment. Hepte répand de la consoude en poudre sur mes doigts et mes paumes. L'hémorragie s'arrête ; mes mains se contractent, elles me piquent. Elle écrase ensuite des fleurs de pavier mouillées sous ses pieds et les jette dans l'eau. Je sens mes mains se rafraîchir, devenir froides, puis s'engourdir.

Je regarde fixement le bol, dont la blancheur, au clair de lune, évoque celle d'un os. Les roses rouges et les feuilles vertes peintes au fond sont gris cendré et noires. Le ciel nocturne les a vidées de leurs couleurs.

Des images d'autrefois me reviennent en mémoire, aussi vives que l'éclair, aussi douloureuses que le feu.

Je suis à genoux devant un carré de fraises et je tiens ce même bol à la main. Sous les feuilles dentelées, d'un vert sombre, se cachent les fraises sauvages, timides comme des cerfs. Les vaches et les moutons de mon père m'observent. C'est une belle et fraîche matinée du début de l'été, de celles qui s'étirent comme si elles ne devaient jamais finir.

Mais je suis trop en colère et maussade pour apprécier ce matin d'été.

Œil Blanc revient et me prend sur ses genoux.

Je gémis en anglais :

« Non... Je n'en peux plus, je n'en peux plus. »

Je tempête contre maman et Dougal. Je parle à ma mère, des mots pleins de rancune et de haine. Je ne la reverrai peut-être jamais.

« Je n'en peux plus. »

Je porte mes mains devant mes yeux, comme si, en m'empêchant de voir, je pouvais arrêter les souvenirs d'affluer en moi.

« *Tonn*, dit Hepte, je sais que tu souffres, mais cela va te soigner. »

Elle plonge de nouveau mes mains dans le bol.

Elle parle avec Œil Blanc. Leur conversation a quelque chose de distant, d'aérien, comme si je planais au-dessus de leur tête.

Grand-père les rejoint sous l'auvent. Je l'entends demander :

« Comment va-t-elle ?

— Elle gémit parce qu'elle a mal, répond Hepte. Œil Blanc, ne la lâche pas. Il faut maintenir ses mains dans l'eau. »

Je pose ma tête contre sa poitrine ; il me serre dans ses bras. Je suis surprise d'entendre son cœur qui bat vite ; il est inquiet pour moi.

Mes paumes et mes doigts meurtris sont engourdis ; il me semble même avoir les avant-bras paralysés jusqu'aux coudes. Je ne ressens plus ni la chaleur de l'eau ni la douleur.

Hepte, Œil Blanc et grand-père parlent à voix

basse. Je voudrais leur demander des nouvelles de Petite Mésange, mais je n'arrive pas à aligner les mots dans ma tête, ni en anglais ni en unami.

Peut-être est-ce l'effet de la consoude ou des fleurs de pavier, j'éprouve la douce sensation de tomber d'une falaise, tout comme l'un des potirons que nous avons perdus. C'est sans doute pour cette raison que l'on emploie l'expression « tomber de sommeil ». Je ne me rappelle pas avoir sombré dans le sommeil aussi profondément et aussi vite.

Je ferme les yeux. Les voix d'Œil Blanc et de Hepte s'éloignent de moi, et des images des Campbell me reviennent à l'esprit.

Je me revois renverser du petit lait de la baratte et ne pas m'en soucier. Lady Grey et ses petits, venus aussitôt pour le laper, forment un croissant à mes pieds. Derrière eux, le soleil se lève au-dessus de la Susquehanna. Dougal dort encore.

Je retrouve surtout la fureur intense, violente qui brûle en moi, tout comme ma langue me brûle d'avoir mangé tant de fraises sauvages.

Cette petite fille en colère et pleine d'amertume qui ramasse des baies est-elle vraiment moi ? Que sait-elle après tout de la colère, du chagrin, de la faim ou de la force ?

Le pire aspect de ma captivité, c'est d'avoir changé à ce point. Je suis sûre que mes parents et

Dougal pensent à moi et prient pour moi. Comment ne le feraient-ils pas ? Mais s'ils me voyaient maintenant, ici, ce soir, reconnaîtraient-ils la jeune fille à la peau brune, aux cheveux tressés et à la robe en peau de daim assise sur les genoux d'Œil Blanc ? Auraient-ils même envie de la connaître ? Auraient-ils envie de savoir pourquoi et comment j'ai autant changé ?

Non, les Campbell ne me reconnaîtraient pas. La seule preuve de mon identité, c'est ce bol sur mes genoux.

Ils aiment la Mary que j'étais avant. Mon enfance s'est envolée, je le sais, elle a été emportée loin de moi (et d'eux), comme la tornade a emporté nos jardins.

Je ne comprends plus désormais leur façon de vivre. Ma mère, enfermée dans une maison sombre et étouffante, au lieu de profiter du grand air. Mon père, luttant frénétiquement contre le temps pour tirer un bénéfice de sa concession au lieu de penser à la terre comme à une bénédiction que nous partageons tous. Mon frère qui ne voit dans les animaux que leurs peaux au lieu de s'émerveiller de la créature qui vit à l'intérieur.

« Les Campbell ne sont plus, Mary. Même si tu es délivrée et que tu les revois un jour, ce ne sera plus jamais pareil. Tu as trop changé. »

« Au revoir », dis-je dans un murmure, et je pleure comme jamais je n'ai pleuré depuis des années.

Je me réveille au milieu de la nuit, les mains bandées et le ventre creux. Je trouve un peu de farine de maïs, et je la mâche jusqu'à la réduire en bouillie. Je mâche et j'avale poignée après poignée.

Les braises de notre feu étoilé rougeoient d'un vif éclat. Grand-père, Hepte, Petite Mésange et Œil Blanc dorment profondément ; leurs visages fatigués sont éclairés par la lueur orangée du feu.

Lentement, je rampe sans bruit jusqu'à la jarre remplie d'eau, près du rideau d'entrée, et je bois jusqu'à sentir la farine de maïs gonfler dans mon estomac.

Je scrute leurs visages. Ce sont les gens à qui je pense dans la journée et dont je rêve la nuit. Je leur ai confié ma vie.

« Bonne nuit, clan des Tortues », dis-je doucement.

Je retourne en rampant à mon matelas d'aiguilles de pin, je m'y roule en boule et je m'endors.

Le lendemain matin, nous sommes réveillés par un grand soleil et le chant des oiseaux. Sans prendre le temps de déjeuner, nous nous empressons de sortir pour évaluer les dégâts.

L'air est vif et frais ; il n'y a pas de vent.

L'eau, dans les rigoles, est aussi immobile qu'un miroir.

Une vingtaine de tiges de maïs jonchent le sol. Trois garçons en trouvent un peu plus d'une dizaine à l'entrée de la grotte, que les torrents d'eau ont emportées par-dessus la falaise. Ils les traînent sur le sentier. Petite Mésange, Kolachuisen et les autres femmes et les filles les replantent dans la terre détrempée.

Les potirons et les courges qui ont atterri au pied de la falaise sont gorgés d'eau et tout écrasés, leurs longues tiges grimpantes enchevêtrées les unes dans les autres. Nous n'avons pas d'autre choix que de les enterrer et de nous en servir comme engrais pour la prochaine récolte.

Nos rangées de Trois Sœurs s'en sont bien sorties. Petite Mésange et Hepte les repiquent soigneusement. Comme mes mains sont enveloppées de bandes en peau de daim, je ne peux pas les aider à creuser.

Mon travail consiste à tasser la terre avec mes pieds après que les racines ont été recouvertes. Je tasse et tasse toute la journée. Quand nous avons fini, mes mains me refont mal.

Je travaille presque autant aujourd'hui qu'hier. Finalement, tous les légumes qui pourront être récoltés dans un mois ou deux ont de nouveau leurs racines en terre. Nous n'avons plus qu'à espérer et à prier que nous aurons assez à manger pour l'hiver.

Nous allons ensuite tous nous laver à la rivière. Je tiens mes mains en l'air pendant que Hepte frotte mes cheveux et les rince dans le courant.

Puis elle trempe de nouveau mes mains avant d'ôter les bandelettes. On dirait que la chair a été arrachée et qu'il ne reste plus que la masse rouge vif des muscles. Quand elle étale la pâte de consoude et de fleurs de pavier, j'éprouve la même sensation étrange que la veille : d'abord une impression de resserrement, puis de fraîcheur et enfin d'engourdissement.

Le soir, en m'étendant sur mon matelas d'aiguilles de pin, je m'émerveille de l'ardeur que j'ai manifestée ces deux derniers jours. J'ai travaillé autant que les autres.

Pourtant, je ne me suis ni apitoyée sur mon sort ni plainte d'être fatiguée, d'avoir mal, soif ou faim. Je n'ai pensé ni à mon avenir ni au jour (si jour il y a) de ma délivrance. J'étais trop occupée à sauver ce qui nous restait de nourriture pour songer à moi.

Depuis la nuit où la pluie s'est abattue sur notre campement, j'ai à peine accordé une pensée à Mary

Caroline Campbell, et à tous ses problèmes. Quel soulagement de ne plus autant se tracasser !

Je sais maintenant que j'ai plus de force, de courage et de détermination que je ne l'aurais jamais imaginé. C'est comme si je découvrais un trésor que je ne pensais pas posséder. Je suis sûre à présent de pouvoir affronter n'importe quoi.

14

Femme-qui-a-sauvé-le-maïs

Ce doit être la fin septembre. Les après-midi ont perdu leur douceur humide, les matinées et les soirées sont tout à coup plus fraîches. Le soleil, qui darde ses rayons obliques sur les jardins quand nous travaillons, éloigne nos ombres de nos corps. Le matin, à l'aube, des tourbillons de brume dansent au-dessus de la rivière. Hepte dit que nous entrons dans la Lune du Maïs Vert.

Moi, je l'appelle « la Lune de la Récolte », car nous avons commencé à récolter les produits de la terre. Pour la première fois depuis notre départ de l'Allegheny, nous avons à manger en abondance.

Hepte prépare des soupes de maïs mélangées à de la farine de gland et sucrées avec des framboises sauvages. Nous nous régalons de gruau de maïs frit dans de la graisse de cerf, que nous accompagnons de viande d'écureuil rôtie et de myrtilles. Le matin, nous avons droit à du pain de maïs et à du miel.

Les potirons et les courges sont presque mûrs. Après les avoir fait sécher au soleil, nous les entreposerons en prévision du long hiver à venir. Hepte les ajoutera aux marmites de venaison et de farine de maïs.

L'année prochaine, Mrs. Sequin me donnera peut-être des graines de pommier qu'elle aura fait venir de Montréal.

Je regarde avec fierté les légumes que nous avons sauvés. Que d'efforts cela a représenté ! Au cours du printemps et de l'été, j'ai passé toutes mes journées dans notre jardin. Nous avons tous travaillé – les femmes, les enfants et les hommes âgés –, jour après jour, sous le soleil brûlant ou la pluie battante. Même Petite Mésange a appris à chasser les mouches à coups de tapette, à disperser les corbeaux ainsi qu'à repérer et à arracher les mauvaises herbes.

Au-delà des wigwams, de la tente à provisions et du lit de la rivière, les rangées de légumes s'étendent en lignes droites et ordonnées. Le maïs brille dans la lumière claire du soleil d'automne. Les longues tiges grimpantes des potirons et des courges s'enroulent autour de leurs tuteurs, leur feuillage vert foncé formant un joli contraste contre le vert éclatant du maïs.

Les tiges de maïs perdront leur éclat quand le froid sera venu. Leurs enveloppes fendillées, dont le jaune rappelle la couleur du beurre, serviront à fabriquer des poupées pour les petites filles ou seront tressées en doux matelas pour les personnes âgées.

Une fois séchés, les épis nus seront utilisés comme petit bois. Les racines, grillées et réduites en poudre, entreront dans la composition de la soupe d'hiver. Les enfants mâcheront les tiges fraîchement coupées comme s'il s'agissait d'une rare gâterie : l'eau qu'elles contiennent est aussi douce que du sucre. Oui, vraiment, nous devons notre survie au maïs.

Les bras chargés d'épis, je m'arrête pour admirer de nouveau nos légumes. Le ciel bleu se couvre de gros nuages, à l'ouest – un orage se prépare. Le vent souffle sur mon visage.

Pourquoi est-ce que je me plais autant dans notre jardin ? Je n'ai jamais eu envie d'être fermière. Pourtant chaque légume aux couleurs éclatantes, chaque épi doré me remplit de fierté et du sentiment d'avoir accompli mon devoir dans la paix et la tranquillité.

Mon père serait fier de ce jardin.

J'essaie de chasser cette pensée, mais trop tard. Mes yeux se remplissent de larmes. Ma poitrine me fait mal, mon cœur est aussi lourd qu'une pierre.

Les Campbell ! D'une certaine façon, ils me paraissent plus petits, moins importants ; ce qui ne fait qu'aggraver ma peine. Le temps et la distance les ont transformés, eux aussi. Après tout, ce ne sont que des êtres humains, essayant de séparer le bon grain de l'ivraie.

Je sais maintenant pourquoi les captifs changent autant. Et je sais pourquoi plus je resterai ici, plus je changerai. Nos cœurs aspirent à s'unir aux autres. C'est pour cette raison que nous laissons le passé s'éloigner, ou du moins que nous relâchons les liens qui nous y rattachent.

Dans les premiers mois de ma captivité, je me disais souvent que j'avais été un tourment pour mes parents ou pour mon frère. Toujours à me plaindre, toujours blessée, toujours persuadée d'être lésée. Celle que j'étais me remplit de honte, aujourd'hui.

Je leur en voulais, aussi, parce que je n'étais pas la seule responsable. Les membres d'une famille suivent un modèle, tout comme les femmes qui cousent des édredons piqués – l'égoïste, le paresseux, le préféré, le martyr, le tyran –, répétant à l'infini les mêmes chamailleries et les mêmes malentendus.

La vie est trop précieuse pour la gâcher avec l'amertume et la mauvaise humeur.

La honte m'a quittée à présent, la colère également. À la place, je ressens une douleur écrasante, sourde et froide. Mais si mon chagrin signifie que je les aime, que je leur pardonne et qu'ils me manquent terriblement, alors eux aussi doivent me pleurer, de la même manière et pour les mêmes raisons. Jusqu'à ce que nous soyons tous réunis, telle est ma consolation.

Je me rappelle une famille de souris, dans le Connecticut, qui vivait au fond du râtelier où nous conservions le maïs. Au cours d'une soirée d'hiver particulièrement glaciale, j'avais déposé des bouts de tissu dans un coin confortable du râtelier pour qu'elles y fassent leur nid. Le lendemain matin, chaque petit morceau de tissu avait été déplacé dans un endroit de leur choix.

Même les souris veulent recréer le monde à leur image. Je sais que l'orgueil est un péché, mais pourquoi les êtres humains seraient-ils moins orgueilleux que les souris ?

Nous désirons tous laisser notre trace en ce monde, la preuve de notre passage sur Terre. Que ce soit en allant à l'ouest, en cultivant un jardin, en bâtissant un tumulus, en entretenant les feux étoilés ou même en faisant semblant d'être la femme d'un ambassadeur, nous désirons tous laisser une trace aussi grande que les collines.

« L'année prochaine, nous aurons de nouvelles rangées de légumes, ici même », me dis-je en unami cette fois. Et là-bas, dans ce coin ensoleillé, je planterai mes graines de pommier. J'entends presque les pommes croquer sous mes dents.

Une brise souffle entre les tiges de maïs ; le bruissement des feuilles sèches annonce le froid de la saison prochaine. Les nuages s'amoncellent à l'ouest et cachent le soleil. Le vent se lève, il annonce l'hiver, qui gronde dans la gorge et murmure entre les pins. Je frissonne. J'aimerais être confortablement installée devant le feu pendant que quelqu'un raconte une histoire.

Le fumet qui monte des marmites me chatouille les narines. Dans tous nos chaudrons cuisent des mets succulents – des ragoûts de venaison, des bouillies de maïs, des soupes à base de baies. Toutes ces odeurs délicieuses me mettent l'eau à la bouche. Mais être aussi affamée aujourd'hui est une sensation agréable, parce que je sais qu'il y aura à manger à profusion.

Toutes les marmites cuisent en mon honneur.

Ce soir a lieu la cérémonie de mon baptême.

Dorénavant, excepté dans mon cœur, je ne serai plus connue sous le nom de Mary Caroline Campbell.

Je me demande quel nom grand-père a choisi pour moi.

Au coucher du soleil, les deux cents Delawares se rassemblent près du wigwam dans lequel nous entreposons nos réserves, et m'attendent. Tous me sourient. La femme qui m'a volé mon collier de dentelle me sourit. Les deux frères qui m'ont accompagnée depuis la Susquehanna me sourient d'un sourire identique. Même Visage Grêlé, qui a tué Sammy, me sourit en hochant la tête.

Hepte, Œil Blanc et Petite Mésange se tiennent aux côtés de grand-père, devant notre plus gros chaudron. Quand je m'approche, la foule s'écarte sur mon passage.

Grand-père me tend une énorme carapace de tortue.

« Bois », ordonne-t-il.

Je bois une gorgée d'eau fraîche à la surface de laquelle flotte du pollen de maïs.

« *Xkwe*, dit-il. Bois encore. »

Je retourne le mot dans mon esprit tout en buvant.

Je murmure :

« *Schway, schway.* »

Cela signifie « femme ».

« *Wtaloksin,* ajoute grand-père. Bois encore. »

Je bois une nouvelle gorgée, et je repète :

« *Wta lok sin.* “Aide”, non “sauve”. Non... “sauvé”.

— *Haskwim*, continue-t-il. Bois encore. »

C’est facile. *Haskwim* veut dire « maïs ». Femme-qui-a-sauvé-le-maïs.

C’est moi !

Je demande doucement à grand-père, en anglais :

« Femme-qui-a-sauvé-le-maïs, c’est ça ? Est-ce mon nouveau nom ? »

Il pose un doigt sur ses lèvres et me fait un clin d’œil.

Nous festoyons toute la nuit. Je ne me souviens pas d’avoir été rassasiée à ce point, sauf peut-être à Noël dernier. Mon ventre plein me donne envie de dormir et m’apporte un sentiment de contentement, comme une couverture chaude, mais en dedans.

Pour la première fois depuis le déluge, je ne porte plus de bandages autour de mes mains. Mes doigts épais et sans ongles ressemblent à des bougies consumées. Ils me font toujours mal en fin de journée, surtout si j’ai beaucoup travaillé. Mes paumes évoquent encore un morceau de viande crue, mais elles commencent à guérir. Je les cache sous mes manches dès que possible.

« *Nuxkwis* », dit grand-père.

Il sort mes mains de mes manches et les lève en l'air.

« Tu as sauvé tout un peuple avec ces mains. Pourquoi les caches-tu ? »

Je les pose sur mes genoux.

Le bruit des tambours et des carapaces de tortue montent de nos wigwams ; les musiciens jouent jusque tard dans la nuit. Des danseurs évoluent en cercle autour d'un immense feu qui crépite, et exécutent des pas compliqués à la lueur des flammes.

Toute la soirée, les gens m'apportent des cadeaux – de nouvelles tuniques en peau de daim, des colliers et des bracelets de perles, une magnifique cuillère sculptée dans du bois de cerisier. Kolachuisen me donne une poupée taillée dans l'enveloppe d'un épi de maïs et s'assoit à mes côtés.

Une idée me vient : « Pourquoi pas ? » Je n'en ai plus besoin. Une promesse émane du cœur et on s'en délecte en pensée. Je reverrai les Campbell.

« J'ai quelque chose pour toi », lui dis-je.

Je cours à notre wigwam et reviens avec la plume de l'oiseau bleu que j'ai trouvée au printemps dernier.

« Oh ! s'écrie Kolachuisen. Merci. »

Elle tient la plume dans une main et me serre dans ses bras.

« Je la garderai toujours, murmure-t-elle.

— *Tonn*, appelle Hepte, inquiète. Tu ne portes pas tes mocassins ? Pour une si grande occasion !

— Ils ne me vont plus. Mes pieds sont trop grands. »

Ses yeux se remplissent de larmes.

« Mais je veux les garder, toujours, dis-je vivement. Je veux me souvenir de la fille qui les portait avant moi. Si nos pieds ne sont plus les mêmes, peut-être qu'un jour nos cœurs le seront.

— Peut-être », murmure Hepte.

Lorsqu'elle remplit de nouveau mon assiette de soupe de baies, ses yeux brillent.

« *Gashes*, dis-je doucement, merci. »

Épilogue

À l'exception de Petite Mésange, de Hepte et de Kolachuisen, tous les personnages de *Ma Vie chez les Indiens* ont existé. Même le Français, François Sequin, qui possédait un comptoir sur les rives de la Cuyahoga, non loin de l'emplacement actuel du centre de Cleveland, dans l'Ohio.

Mary Campbell, Mary Stewart et son fils Sammy furent capturés par les Delawares au cours de l'été 1759, à Penn's Creek, près des rives de la Susquehanna, dans le comté de Snyder, en Pennsylvanie. Sammy Stewart fut tué peu de temps après. Mary et Mrs. Stewart furent ensuite emmenées dans un village delaware, le long de la rivière Allegheny, dans le comté d'Armstrong, en Pennsylvanie occidentale.

Mary Campbell devint la petite-fille adoptive de Netawatwees Sachem, et fut bien traitée pendant sa captivité.

Le même été, les Anglais envoyèrent vers l'ouest les quelques Delawares qui vivaient encore dans les régions boisées de l'est. Mary Campbell et Mrs. Stewart, leurs prisonnières, les suivirent dans l'immensité sauvage de l'Ohio.

Mary Campbell a vraiment passé le premier hiver de sa captivité dans une grotte large et peu profonde, au-dessus de la Cuyahoga. Cette grotte, aujourd'hui appelée « la grotte de Mary-Campbell », se trouve dans Gorge Park, à Cuyahoga Falls, dans l'Ohio. Le printemps suivant, les Delawares s'établirent sur un plateau, près de la grotte.

Pourquoi Mary et Mrs. Stewart ont-elles été kidnappées ? L'habitude d'emmener des prisonniers remonte à la préhistoire américaine. Les tribus désiraient remplacer leurs parents morts à la guerre ou de maladie. S'ils acceptaient de jouer leur rôle, les captifs étaient traités avec autant d'amour que ceux dont ils prenaient l'identité.

Selon Norman Heard (dans *White Into Red : a Study of the Assimilation of White Persons Captured by the Indians*), le processus d'intégration prenait environ cinq ans, et il était rare qu'un enfant y résiste. Pour les filles âgées de moins de douze ans et pour les garçons de moins de quatorze ans – c'est-à-dire avant la puberté –, l'intégration était bien plus rapide que pour les adultes.

Le reste de l'histoire – la longue marche de Mary, ce qu'elle a ressenti en vivant aussi loin de chez elle, ou en passant un hiver long et rigoureux dans une grotte de l'Ohio, ce qui est arrivé à Mrs. Stewart, ce que Mary a découvert au contact de gens si différents d'elle – n'est que fiction.

Dans la réalité, elle a retrouvé sa famille.

En 1764, les Anglais donnèrent l'ordre aux Indiens de conduire à Fort Pitt tous les Blancs prisonniers à l'ouest. En novembre de cette même année, un mercenaire suisse, le lieutenant-colonel Henry Bouquet, les rassembla sur les rives de la Tuscawaras et les escorta jusqu'au fort. Un historien raconte que Netawatwees « *pleura en remettant Mary au commandant* ».

Au cours du printemps 1765, trois cent cinquante-six prisonniers environ furent rendus à leurs familles, à Fort Pitt. Presque six ans après sa capture, Mary retrouva sa mère et son frère, Dougal Campbell. On ignore si elle a revu son père. D'après les documents, elle « *fit preuve d'une certaine réticence à rejoindre sa famille* ».

Mary Stewart retrouva son mari, qu'elle n'avait pas vu depuis six ans. Elle était accompagnée d'une petite fille de quatre ans, appelée Samantha.

Mary Campbell retourna à Penn's Creek, en Pennsylvanie, et épousa un homme répondant au nom de Joseph Willford. Elle lui donna douze enfants.

Les Anglais signèrent un traité avec les Delawares et tous les autres peuples natifs de l'Ohio. Aucun colon ne serait autorisé à s'installer dans la région si tous les captifs blancs étaient libérés.

Les Anglais tinrent parole. À l'exception des missionnaires de Schoenbrunn, de Salem et de Gnadenhutten, l'expansion vers l'Ouest s'arrêta à la rivière Ohio.

En 1778, Œil Blanc se nomma lui-même sachem. Il fut tué par Lewis Wentzel, un jeune garçon de dix-sept ans qui habitait à la frontière.

En mars 1782, les troupes américaines, conduites par le colonel David Williamson, entrèrent dans la ville de Gnadenhutten. Les soldats tuèrent plus de quatre-vingt-dix Delawares convertis. Le premier à trouver la mort était un vieil homme du nom d'Abraham Netawatwees.

Après la guerre d'Indépendance contre l'Angleterre, les Anglais perdirent la vallée de l'Ohio. George Washington réclama plus de dix mille acres de terres fertiles le long de l'Ohio. Des colons américains affluèrent dans ce qu'on appelait alors « les étendues sauvages de l'Ouest ». L'un de ces colons était le fils aîné de Mary.

Les Delawares, les Wyandots, les Shawnees et les Miamis furent chassés plus à l'ouest, dans les territoires qui forment aujourd'hui l'Indiana.

Un témoignage rapporte que les voisins de Mary appelaient ses enfants « les Mohawks ». On peut en conclure qu'elle leur apprit à apprécier la culture des Amérindiens.

Mary Campbell Willford mourut en 1801, deux ans avant que l'Ohio devienne le dix-septième État de l'Union. Ses descendants vivent toujours dans le comté de Wayne, dans l'Ohio.

Mary se demande si les bâtisseurs des tumulus ont vu les mastodontes (les *yah-qua-whee*). Nous savons que cela est impossible. D'après les archéologues, les ossements remontent à l'ère paléoindienne (23 000 à 3 000 avant J.-C.). Les bâtisseurs de tumulus vivaient à l'ère Hopewell (200 avant J.-C. à 500 après J.-C.). Leurs tumulus parsèment toujours le paysage du nord-est de l'Ohio, en particulier le long des rivières.

Il existe bel et bien une légende chez les Delawares, qui raconte pourquoi ceux-ci ont tué les mastodontes, et comment l'extinction de ces animaux a donné naissance à la canneberge.

Il y avait autrefois une vingtaine de tribus parmi les Delawares. Mary mentionne les Unamis, les Mohicans et les Munsees. Les Wappingers, les Esopus, les Raritans, les Massapequas, les Wampanoags, les Susquehannas, les Catskills, les Hackensacks, les Rockaways, les Nanticokes, les Minisinks, les Unahachaugs et les Powhatans appartenaient aussi à la confédération des Delawares.

Les Delawares vivaient dans ce qui correspond aujourd'hui à la partie orientale de l'État de New York, y compris la ville de New York et Long Island ; la Pennsylvanie orientale ; le New Jersey ; le Delaware ; le Maryland ; et la Virginie.

Les Delawares s'appelaient autrefois *leni Lenapi*, c'est-à-dire « le Peuple ». Il y a plus de trois cent cinquante ans, ils changèrent pour Delaware, du nom du premier gouverneur de Virginie, le baron Thomas West de La Warr.

Aujourd'hui, il ne reste qu'une poignée de Delawares. Des membres de la tribu Stockbridge Munsee, qui font partie des Mohicans, vivent dans le Wisconsin ; d'autres Mohicans habitent l'Ontario, au Canada. On trouve des Unamis et des Delawares à Anadarko, dans l'Oklahoma.

Je remercie le Language Project of the Delaware Tribe of Western Oklahoma, qui m'a aidée à utiliser la langue unamie dans *Ma Vie chez les Indiens L'histoire de Mary Campbell.*

LYNDA DURRANT

Lynda Durrant est diplômée de l'université de Washington, à Seattle. Elle vit avec son mari et son fils dans l'Ohio, où elle élève des chevaux. *Ma vie chez les Indiens* est, après *Faucon Blanc*, le second roman de cet auteur à paraître au Livre de Poche Jeunesse.

Table

TITRES PARUS DANS LA COLLECTION
Mon bel oranger
CRÉÉE PAR ANDRÉ BAY ET DIRIGÉE PAR MARIE-PIERRE BAY

KATHERINE AYRES
Esclaves en fuite

MEG CABOT
Journal d'une princesse

DANIELA CARMI
Samir et Jonathan

FORREST CARTER
Petit Arbre

JEROME CHARYN
Une petite histoire de guerre

BERLIE DOHERTY
L'enfant des rues

LINDA DURRANT
Faucon blanc
Ma vie chez les Indiens

ALLAN W. ECKERT
La rencontre

LILLIAN EIGE
J'ai kidnappé Mister Huey

ALANE FERGUSON
Secrets

JAMES HENEGHAN
Les passagers de la dernière chance

ANNE HOLM
David, c'est moi

JULIE JOHNSTON
Sara la farouche

CAROLE MATAS
Lisa
Une lumière dans la nuit

BEN MIKAELSEN
Ils n'auront pas mon ours !

BARBARA O'CONNOR
Beethoven au paradis
Rupert Goody et moi

URI ORLEV
Une île, rue des Oiseaux

KATHERINE PATERSON
L'histoire de Jip

WILSON RAWLS.
L'enfant qui chassait la nuit

PATRICK RAY RAWLS
Daniel et Esther

WENDY ROBERTSON
Pour venger mon copain

ISAAC BASHEVIS SINGER
Un jour de plaisir

ELIZABETH GEORGE SPEARE
Le signe du castor

MAKC TALBERT
Le pèlerinage de Chimayo

SUE TOWNSEND
Journal secret d'Adrien, 13 ans 3/4

JOSÉ MAURO DE VASCONCELOS
Allons réveiller le soleil

RUTH WHITE
Le fils de Belle Prater

PATRICIA WILLIS
Danger sur le fleuve

KATHRYN WINTER
Katarina, l'enfant cachée

Composition JOUVE - 53100 Mayenne
N° 301449r
Imprimé en Italie par G. Canale & C. S.p.A. - Borgaro T.se (Turin)
mars 2003 - Dépôt éditeur n° 32737
32.10.1971.4/02 - ISBN : 2.01.321971.7
Loi n° 49-956 du 16 juillet 1949 sur les publications destinées à la jeunesse
Dépôt légal : mars 2003